AF561489

LES

PAYSANS ILLUSTRES.

LES

PAYSANS ILLUSTRES,

PLUTARQUE DES CAMPAGNES,

PAR

M. Alphonse Karr.

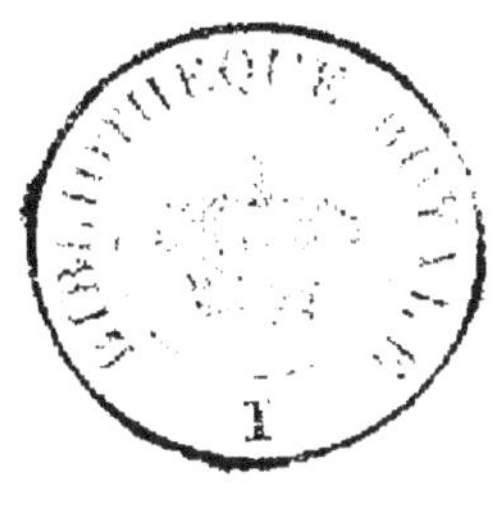

PARIS,

IMPRIMERIE BOUCHARD-HUZARD,
rue de l'Éperon, 7.

1841

LES

PAYSANS ILLUSTRES.

AMYOT.

S'il fallait s'en rapporter à un historien du XVIIe siècle, la naissance et la jeunesse d'Amyot seraient entourées de circonstances on ne peut plus romanesques ; quelques autres écrivains ont prétendu qu'Amyot était un enfant trouvé. Mais on sait aujourd'hui à quoi s'en tenir sur cet homme célèbre, et si l'on ne connaît pas positivement la profession du père d'Amyot, on sait du moins que le traducteur de *Plutarque* est né d'un modeste boutiquier de campagne.

Amyot, qui déjà entendait au dedans de lui-même cette voix qui ne trompe jamais les hommes supérieurs, et qui lui promettait la célébrité; Amyot quitta le village près de Melun où il était né le 30 octobre 1513, et où il avait commencé ses études, pour venir les achever à Paris. Sa mère lui envoyait chaque semaine ce dont elle pouvait disposer; mais cette somme était bien insuffisante aux besoins du pauvre Amyot, et le futur précepteur de deux rois de France fut obligé, pour vivre, de servir de domestique à d'autres écoliers de son collége. Telle était son ardeur pour l'étude, que, la nuit, à défaut d'huile ou de chandelle, il travaillait à la lueur de quelques charbons embrasés. Le Collége de France venait d'être nouvellement fondé; Amyot y fit, sous les plus célèbres professeurs, des cours de poésie, d'éloquence latine, de philosophie et de mathématiques, après quoi il se fit recevoir maître ès-arts, et se rendit ensuite à Bourges pour y étudier le droit civil. Là, il fit la connaissance de Jacques Collin, lecteur du roi et abbé de Saint-Ambroise, qui lui confia l'éducation de ses neveux, et lui fit obtenir, par le crédit de Marguerite, sœur du roi, une chaire de grec et de latin dans l'Université. Il remplit les fonctions de ce professorat pendant douze ans, et ce fut dans cet intervalle qu'il traduisit le roman grec de *Théagène et Chariclée* et quelques fragments de la *Vie des hommes illustres* de Plutarque. Il dédia cet essai à François Ier, qui lui ordonna de continuer, et le gratifia de l'abbaye de Bellozane, que la mort du titulaire venait de laisser vacante. Voulant que sa traduction de Plutarque fût aussi parfaite que possible, il désira consulter les manuscrits de cet auteur *qui existaient* en Italie, et il s'y rendit à la suite de l'ambassadeur de France à Venise.

Après un assez long séjour dans la capitale du monde chrétien, où il fut chargé de quelques missions délicates dont il s'acquitta avec une grande supériorité, il fut ramené à Paris par le cardinal de Tournon, qui l'avait pris en grande estime, et qui, apprenant que le roi cherchait un précepteur pour ses deux fils, lui proposa et lui fit agréer Amyot. C'est pendant le cours de cette éducation qu'il termina sa traduction des *Hommes illustres* de Plutarque, qu'il dédia à Henri II, et qu'il commença celle des œuvres morales de *cet écrivain*, qu'il n'acheva que sous le règne de Charles IX, son élève, auquel il en fit hommage. Le lendemain de son avénement au trône, Charles IX le nomma son aumônier. La mère du roi, Catherine de Médicis, qui destinait cette place à un de ses favoris, se mit dans une affreuse colère quand elle sut que le roi en avait disposé pour son ancien précepteur; elle fit appeler celui-ci, et lui dit : « J'ai fait *bouquer* les Guise et les Châtillon, les connétables et les chanceliers, les rois de Navarre et les princes de Condé, et je vous ai en tête, petit prestolet! » Elle lui enjoignit de renoncer à sa charge, s'il n'aimait mieux mourir dans les vingt-quatre heures. Amyot se cacha et fut plusieurs jours sans se montrer à la table du roi. Charles IX, craignant que sa mère ne se fût pas bornée à des menaces envers Amyot, se fâcha vivement à son tour, et s'écria : « Quoi! parce que je l'ai fait grand aumônier, on l'a fait disparaître. » Pour calmer son fils, Catherine fut obligée de faire chercher Amyot, qu'elle rassura par tous les moyens possibles.

Quelque temps après, le roi nomma son *maître* (c'est ainsi qu'il appelait Amyot) au siége d'Auxerre, qui vint à vaquer. Une fois en possession de son épiscopat, Amyot fit restaurer et orner de nouveau l'église cathédrale, que les Huguenots avaient pillée. Il avoua ingénument que, n'ayant encore étudié que les auteurs profanes, il n'était ni théologien ni prédicateur ; il se mit à lire l'Ecriture et les Pères, eut de fréquents entretiens avec les docteurs, et se hasarda enfin à prêcher devant ses ouailles. Henri III, son autre élève, étant monté sur le trône, lui conserva sa grande aumônerie, et y ajouta le titre de commandeur de l'ordre du Saint-Esprit, qu'il venait de créer, voulant que cette distinction fût, à l'avenir, la prérogative de tous les grands aumôniers.

Amyot se trouvait à Blois lorsque le duc de Guise y fut assassiné. Cette ville, qui était du parti de la Ligue, se souleva tout entière contre le grand aumônier, à l'instigation d'un gardien des Cordeliers d'Auxerre, qui prétendit qu'Amyot avait eu connaissance du projet du meurtre, et qu'il avait même conseillé ce crime. Quelque temps après, il fut pillé par les Ligueurs en se rendant à Auxerre; il courut encore de plus grands dangers dans cette ville, où on lui tira des coups d'arquebuse, et où on lui mit le pistolet sur la poitrine. Il fut obligé de se faire donner par le légat une absolution en bonne forme, et tout rentra dans l'ordre. Après la mort de Henri III, il se retira dans son diocèse, où il passa ses dernières années, uniquement occupé de l'étude et de l'exercice de ses devoirs. Il mourut à Auxerre le 6 février 1593, à l'âge de quatre-vingts ans. La fortune qu'il laissa s'élevait à *deux cent mille écus*, somme énorme pour le temps. Il était d'une économie sordide et fort avide. Un jour qu'il demandait à Charles IX une nouvelle abbaye, quoique ce monarque lui en eût déjà donné plusieurs, le roi lui dit : « Ne m'avez-vous pas assuré autrefois que vous borneriez votre ambition à mille écus de rente? — Oui, Sire, répondit Amyot; mais l'appétit vient en mangeant. » Un des plus grands titres de gloire d'Amyot est d'avoir rendu d'immenses services à la langue française en la débarrassant de toutes les locutions vicieuses, de tous les termes impurs qui abondaient à cette époque dans la conversation et dans les livres. Sa traduction de Plutarque est un modèle de grâce et de bon langage; elle n'a été égalée par aucune de celles qui ont paru depuis.

CHAULIAC (GUY DE).

Guy de Chauliac, ainsi nommé du lieu de sa naissance, petit village du Gévaudan sur les frontières d'Auvergne, fut d'abord un simple garçon de ferme, et la tradition rapporte qu'il était célèbre dans toute la contrée par ses opérations, avant la cure extraordinaire qui devait l'enlever aux travaux des champs pour en faire le restaurateur de la chirurgie. La nièce d'un vieux gentilhomme du pays avait été renversée de son cheval dans une partie de chasse, et s'était fracturé une jambe : tous les médecins du pays lui consacrèrent les soins les plus assidus, mais les secours de l'art étaient inutiles, et l'on fut obligé de consulter une sibylle qui fit, dit-on, cette réponse : *Elle sera guérie par un manant.* On crut qu'elle avait voulu désigner le garçon de ferme de Chauliac, et il fut mandé au castel de la malade.

La cure était difficile, et cependant au bout de deux jours la noble châtelaine put se rendre à l'église pour remercier la sainte Vierge, sa patrone, de sa guérison. Cet événement rendit célèbre Chauliac, et il dut à la libéralité d'un seigneur, dont l'histoire ne fait pas connaître le nom, mais qui était sans doute l'oncle de la jeune fille, la faculté de se rendre à Montpellier, où il suivit principalement les leçons de Raimond de Molières ; puis il se rendit à Bologne, attiré par l'éclat dont brillait l'Université de cette ville. Il s'attacha surtout au professeur Bertruccio, qu'il appelle souvent son maître. Après avoir exercé longtemps la médecine à Lyon, il se rendit à Avignon, où il fut successivement médecin des trois papes Clément VI, Innocent VI et Urbain V. C'est dans cette ville qu'il composa son traité de chirurgie commenté par plusieurs médecins célèbres.

« La chirurgie de Chauliac, dit le savant Astruc, était un chef-d'œuvre pour le siècle où il vivait. Il y débrouilla avec beaucoup d'ordre les matières obscures et difficiles que la barbarie des siècles précédents avait couvertes d'épaisses ténèbres. On peut assurer qu'il a plus contribué que personne à faire de la chirurgie un art régulier et méthodique. » Une des époques les plus brillantes de la Faculté de Montpellier, ajoute Lovry, est celle où elle a produit le fameux Guy de Chauliac, homme qui doit tenir une place distinguée parmi les bienfaiteurs de l'humanité, et qui mérite encore de conserver son autorité dans un siècle aussi éclairé que le nôtre. Il n'y a pas encore cent ans que les livres de Guy de Chauliac étaient les livres classiques des chirurgiens, leurs guides fidèles; et par analogie avec le nom de l'auteur, ils l'appelaient leur *guidon*. En effet, sa pratique industrieuse éclaircit les procédés obscurs des anciens, en ajoute de nouveaux, et les confirme par des observations et par des principes certains. Ses écrits ne sont pas surchargés par cette théorie frivole et mensongère dont tant d'écrits modernes font parade; ils tendent droit au but, et l'art y est exposé avec une circonspection également éloignée de la timidité et de l'imprudence.

Une autre obligation que l'on doit avoir à Guy de Chauliac, c'est d'avoir fait connaître avec une grande exactitude cette peste du XIVe siècle qui dépeupla le monde entier du quart de ses habitants, et dont il faillit être la victime.

On ignore la date précise de la mort de ce célèbre chirurgien, qu'on a comparé à Hippocrate. S'il faut en croire la tradition, il serait revenu dans sa modeste chaumière vers la fin de sa vie, et aurait été enterré dans la chapelle même du château voisin, qui fut détruite dans la dernière guerre religieuse du XVIe siècle.

D'ALEMBERT.

Le 16 novembre 1717, un commissaire de police recueillit sur les marches de Saint-Jean-le-Rond, église située près de Notre-Dame, et aujourd'hui détruite, un enfant qui lui parut si frêle, que, touché de pitié, et au lieu de l'envoyer aux Enfants-Trouvés, il résolut de lui faire donner des soins particuliers, et le confia dans ce but à la femme d'un pauvre vitrier. Cet enfant fut depuis l'un des hommes les plus célèbres du XVIIIe siècle, et se nomma d'Alembert. Lorsque sous ce nom il fut devenu le grand homme que vous savez, madame de Tencin le revendiqua pour son fils; mais d'Alembert ne voulut jamais reconnaître pour sa mère celle qui l'avait si inhumainement abandonné, et il déclara qu'il n'avait pas d'autre mère que la bonne femme qui avait pris soin de son enfance.

D'Alembert annonça de bonne heure une grande facilité et beaucoup de goût pour l'étude. Mis dans une pension à l'âge de quatre ans, il n'en avait encore que dix lorsque le maître de cette pension, homme de mérite, déclara qu'il n'avait plus rien à lui apprendre. Cependant il entra au collége Mazarin, où il étonna son maître par ses dispositions vraiment surprenantes; c'est là que se développa son goût pour les mathématiques.

En sortant du collége, d'Alembert prit le grade de maître ès-arts, étudia en droit, et fut reçu avocat; mais il n'en continua pas moins de se livrer aux mathématiques, son étude de prédilection. Il a laissé des mémoires sur sa vie, fort curieux par le tableau qu'ils retracent des difficultés qu'il lui a fallu surmonter : « Sans maître, dit-il, » presque sans livres, et sans même avoir un ami que je » pusse consulter dans les difficultés qui m'arrêtaient, » j'allais aux bibliothèques publiques; je tirais quelque » lumières générales des lectures rapides que j'y faisais, » et, de retour chez moi, je cherchais tout seul les dé» monstrations et les solutions : j'y réussissais pour l'or» dinaire; je trouvais même souvent des propositions » importantes que je croyais nouvelles, et j'avais ensuite » une espèce de chagrin, mêlé pourtant de satisfaction,

» lorsque je les retrouvais dans les livres que je n'avais » pas connus. »

Cependant, forcé d'embrasser un état qui pût le mener à quelque aisance, d'Alembert se décida pour la médecine, comme une profession moins étrangère aux sciences que toute autre, et, pour éviter les distractions, il voulut éloigner de lui pour un temps ses livres de mathématiques. Mais ses idées se reportant toujours vers ce sujet, il reprit tous ces livres un à un, bien avant le temps qu'il s'était fixé : il cessa donc de contraindre sa vocation, et il se consacra entièrement à une science où il devait paraître au premier rang. Il fut reçu en 1741 à l'Académie des sciences; il n'avait pas encore vingt-quatre ans.

Quoique passionné pour les mathématiques, d'Alembert ne négligea pas les belles-lettres, pour lesquelles il avait de bonne heure montré un goût prononcé. Il commença sa carrière littéraire par le discours préliminaire de l'*Encyclopédie*, et ce morceau, ou plutôt cet ouvrage demeurera le modèle du style dont il faut écrire sur les sciences pour unir la dignité à la précision. Il rédigea, en outre, dans cette même *Encyclopédie*, la partie mathématique, et les articles dont il enrichit ce grand ouvrage sont aussi remarquables que nombreux. Bientôt l'Académie française admit d'Alembert dans son sein; il en fut nommé secrétaire, et publia des éloges qui sont des modèles en ce genre.

L'*Encyclopédie* ayant été en butte aux persécutions, d'Alembert partagea cette espèce de proscription. Dédaigné par le gouvernement de sa patrie, il refusa néanmoins la présidence de l'Académie de Berlin, et le roi de Prusse la laissa vacante tant qu'il conserva l'espoir de l'attirer auprès de lui. Il résista de même aux pressantes sollicitations de Catherine II, impératrice de Russie, qui lui écrivit de sa propre main pour l'engager à se charger de l'éducation de son fils. Il fallut que les étrangers avertissent sa patrie de tout ce qu'il valait; et il reçut une pension du roi de Prusse, lorsqu'on lui refusait encore celle de l'Académie des sciences, à laquelle il avait tant de droits.

Après une vie toute consacrée à la science, il mourut de la pierre, sans s'être fait opérer, le 29 octobre 1783. Il était âgé de soixante-six ans.

Le roi de Prusse témoigna de véritables regrets en apprenant la mort de d'Alembert, qu'il avait connu personnellement, lorsqu'après la paix de 1763 ce savant alla le remercier de ses bienfaits. D'Alembert et Frédéric entretinrent une correspondance qui fut publiée après la mort du monarque, et qui offre une lecture fort piquante.

DEVERNAY.

Curé de Néronde en Forez, Devernay naquit à Lay, près de Roanne. A l'âge de vingt-cinq ans il abandonna tous ses droits à ses frères pour devenir simple curé en 1750.

Dès les premiers jours de sa possession il abolit tout

droit d'offrande, de quêtes, de baptêmes, de messes, d'enterrement.

Dans les années chères et désastreuses il remplissait ses greniers de chanvre, de blé et de toutes les productions usuelles. Après les avoir achetées cher il les revendait à un prix modéré. Il maintenait ainsi l'équilibre entre les récoltes et les besoins, il encourageait au travail qu'une libéralité aurait fait négliger, il soulageait l'infortune publique, et semblait dispenser pour un paiement insuffisant, de la reconnaissance qui lui était due. L'hiver, il établissait des feux dans divers ateliers. La toilerie étant devenue moins florissante dans les montagnes qui l'entouraient, le pasteur courut à Lyon chercher un genre d'occupation plus avantageux. Il en ramena un ouvrier habile, qui, ayant longtemps dirigé les travaux dans les Echelles du Levant, vint apprendre aux habitans de Néronde l'art de filer et d'ouvrer le coton. Chaque semaine il faisait donner cent livres de pain aux pauvres ; chaque année il leur distribuait des vêtements de toute espèce. Le presbytère était devenu inhabitable, il en fit construire un nouveau à ses frais. Devernay, fort économe pour lui-même, évitait le faste dans son extérieur, regardant comme superflue toute dépense qui ne faisait pas un heureux.

Le premier dimanche de chaque mois, il invitait à sa table douze habitants vertueux; c'était un tribunal domestique où venaient s'éteindre les inimitiés personnelles et se terminer tous les procès. Ce saint homme avait composé plusieurs ouvrages, mais il ordonna par humilité de brûler ses manuscrits, et celui qui reçut cet ordre l'exécuta. Ce modèle des bons curés cessa de vivre à la fin de l'année 1777, et prit possession d'une vie meilleure digne de sa charité et de ses vertus.

MARMONTEL (JEAN-FRANÇOIS).

Il naquit à Bort, petit village du Limousin, de parents peu aisés et d'une condition obscure. Des religieuses apprirent à lire, et un prêtre donna gratuitement les premières leçons de latin à l'auteur des *Incas*. Ce fut à Mauriac en Auvergne, dans un collége tenu par les Jésuites, que Marmontel fit ses études, depuis la quatrième jusqu'à la rhétorique. Comme son père le destinait au commerce, il fut placé chez un riche marchand de Clermont; mais son amour pour les lettres ne pouvait se concilier avec l'assiduité qu'exige le comptoir. Il fallut opter: les lettres l'emportèrent. En s'y livrant, l'élève pourvut à sa subsistance par des répétitions que lui payaient d'autres écoliers. Après avoir reçu la tonsure à Limoges, il se rendit à Toulouse avec le projet d'entrer dans la Société des Jésuites, où ses anciens régents s'efforçaient de l'attirer. Mais les prières et les larmes de sa mère lui firent abandonner ce dessein. Venant de perdre son mari, elle plaçait toute sa confiance dans les talents de ce fils, l'unique espoir de la famille. Avant l'âge de dix-huit ans, Marmontel suppléait déjà le professeur de philosophie dans le séminaire des Bernardins à Toulouse. Le succès avec lequel, malgré son extrême jeunesse, il remplit cette chaire, lui valut un si grand nombre de disciples à répéter, qu'il put dès lors commencer à mettre ses parents dans une sorte d'aisance, en leur envoyant le fruit de ses économies.

Aux jouissances les plus douces pour un cœur honnête, il voulut joindre l'éclat de la gloire littéraire ; il adressa donc à l'Académie des Jeux floraux une ode sur *l'invention de la poudre à canon ;* mais elle n'obtint pas même l'honneur d'un accessit. « Je fus outré, dit-il, et dans mon indignation, j'écrivis à Voltaire et lui criai vengeance... Il me fit une de ces réponses qu'il tournait avec tant de grâce, et dont il était si libéral... Ce qui me flatta beaucoup plus encore que sa lettre, ce fut l'envoi d'un exemplaire de ses œuvres, corrigé de sa main, dont il me fit présent... Ainsi commença ma correspondance avec cet homme illustre, et cette liaison d'amitié qui, durant trente-cinq ans, s'est soutenue jusqu'à sa mort sans aucune altération. »

Dans la suite, Marmontel concourut plus heureusement pour les Jeux floraux ; il y remporta même trois prix la dernière année de son séjour à Toulouse. Les préventions que l'on avait inspirées contre lui à l'archevêque Laroche-Aymon le dégoûtèrent de l'état ecclésiastique, pour lequel ses liaisons avec Voltaire n'avaient pas dû fortifier sa vocation. Voltaire l'appelait sur un plus grand théâtre. « Venez, lui écrivait-il, venez sans inquiétude ; M. Orri (contrôleur général), à qui j'ai parlé, se charge de votre sort. » Aussitôt sa résolution fut prise. Ses amis l'accompagnèrent jusqu'à Montauban, où il reçut un prix que l'Académie de cette ville lui avait décerné, et qui consistait en une lyre d'argent de la valeur de cent écus. Pendant le voyage, il traduisit en vers la *Boucle de Cheveux enlevée*, poëme de Pope ; amusement dont le produit fut bientôt pour le traducteur d'une grande utilité.

Arrivé à Paris, ses illusions de fortune ne tardèrent pas à s'évanouir. Voltaire lui apprit la disgrâce de M. Orri, lui fit des offres généreuses, et l'engagea à composer une comédie. « Hélas ! répondit sérieusement le jeune provincial, comment ferais-je des portraits ? je ne connais pas les visages. » Sans se laisser abattre par l'adversité, il puisa toutes ses ressources dans les privations et un travail assidu. En 1746, l'Académie française lui décerna le prix de poésie. L'année suivante, pareil honneur fut accordé à une ode de sa composition.

Ces triomphes affermirent Marmontel dans sa noble constance. Vers le même temps, il achevait l'éducation du fils d'un directeur de la Compagnie des Indes, et il écrivait la tragédie de *Denys le Tyran*, jouée le 5 février 1748. Elle eut tout le succès que peut obtenir le début d'un jeune homme, dont le public se plaît à exciter l'émulation. Le poëte fut demandé par le parterre : c'était le second exemple d'une semblable faveur ; le premier avait été donné à la représentation de *Mérope*. Marmontel dédia son coup d'essai à Voltaire, son maître et son appui. Dans l'épître qu'il lui adresse, il exhale ses regrets sur la perte récente de l'intéressant Vauvenargues, « l'homme du monde, dit-il, qui a eu pour moi le plus d'attrait. » La tragédie d'*Aristomène* ne fut pas moins applaudie que celle de *Denys; Cléopâtre* eut, en 1750, onze représentations. Plus de trente ans après, quoique retouchée ou pour mieux dire refaite d'un bout à l'autre, elle fut mal accueillie. Un bon mot attribué à diverses personnes fit peut-être changer le premier dénoûment, dans lequel on voyait un aspic automate, fabriqué par Vaucanson, qui sifflait en piquant l'héroïne. On demandait à l'un desspectateurs ce qu'il pensait de la pièce : « Je suis, répondit-il, de l'avis de l'aspic. » Les *Héraclides*, sujet traité par Euripide, durent en grande partie leur chute à l'état d'ivresse dans lequel se trouvait mademoiselle Duménil, en jouant le rôle de Déjanire. *Egyptus*, joué en 1753, ne fut pas imprimé ; la pièce tomba. *Numitor* n'a pas subi l'épreuve de la représentation. Aucune des pièces de Marmontel n'est restée au *répertoire* : il rejette l'oubli dans lequel on les a laissées, sur l'animosité de Lekain, qui refusait d'y prendre un rôle. D'après ce qu'il dit dans sa préface, ce grand acteur ne lui pardonna jamais l'article *Déclamation* dans l'Encyclopédie.

Dans le tourbillon du monde, Marmontel n'évita pas toujours l'écueil du plaisir et de la dissipation : il s'engagea dans des liaisons amoureuses avec deux maîtresses du maréchal de Saxe, mesdemoiselles Navarre et Verrière. Quoique le héros les eût délaissées, il souffrit impatiemment *qu'un petit insolent de poëte* le remplaçât auprès d'elles. Pour se soustraire au ressentiment du vainqueur de Fontenoi, le poëte accepta l'asile que le fastueux Lassoselinière lui offrit dans sa maison de campagne à Passy. Ce financier voulait le fixer auprès de lui, et le rassurer contre l'incertitude de l'avenir, Marmontel aima mieux conserver son indépendance, et devoir sa fortune à lui-même.

En célébrant le règne de Louis XV par un petit poëme sur *l'Etablissement de l'école militaire*, il acquit la bienveillance d'une femme alors toute-puissante : madame de Pompadour lui promit de s'occuper de son sort, et, pour le consoler de la chute d'*Egyptus*, lui fit donner la place de secrétaire des bâtiments, sous M. de Marigny son frère, qui en avait la surintendance. Cet emploi, que Marmontel exerça pendant cinq ans à Versailles, l'occupait deux jours de la semaine ; quand il avait rempli ses fonctions, son loisir était consacré à faire un cours d'études méthodique, en parcourant les principales branches de littérature ancienne et moderne. Ses recherches dans ce genre avaient pour but de fournir des articles à l'Encyclopédie, dont ses amis Diderot et d'Alembert étaient les éditeurs.

Pour concourir au succès du *Mercure de France*, sur lequel il jouissait d'une pension, il y fit insérer le premier de ses *contes moraux*, intitulé : *Alcibiade*, ou *le Moi*. Cet opuscule parut d'autant plus piquant, qu'il ne s'y était pas nommé : à un dîner d'Helvétius, les plus fins connaisseurs crurent pouvoir l'attribuer à Voltaire ou à Montesquieu. Des éloges si flatteurs, auxquels se joignirent les instances du rédacteur du journal, engagèrent Marmontel à composer *Soliman II*, ensuite *le Scrupule*, *les Quatre flacons*, etc. Telle fut l'origine de ces contes dont le recueil, imprimé tant

1761, est traduit dans toutes les langues de l'Europe. Après la mort de Boissy, en 1758, madame de Pompadour demanda le *Mercure* pour Marmontel. « Sire, dit-elle au roi, ne le donnerez-vous pas à celui qui l'a soutenu ? » Le brevet fut expédié sans délai.

Le protégé de la favorite, voyant que ses nouvelles occupations étaient incompatibles avec le secrétariat des bâtiments, se démit de ce dernier emploi, auquel il préféra des ressources moins solides et plus assujettissantes. L'espoir d'obtenir le fauteuil académique, le désir de se rapprocher des gens de lettres, influèrent sur sa détermination. Lorsqu'il eut abandonné le séjour de Versailles, madame Geoffrin lui offrit chez elle, à Paris, un logement, qu'il accepta, toutefois en le payant.

Cury, intendant des menus plaisirs, imputait la perte de sa place au duc d'Aumont ; et, pour se venger, il fit une satire contre lui, en parodiant la fameuse scène d'Auguste avec Cinna et Maxime. Marmontel, à qui plusieurs fois il l'avait récitée, la répéta chez madame Geoffrin dans un petit cercle d'amis dont elle garantissait la discrétion. Ce fait dès le lendemain fut dénoncé au duc, qui s'en plaignit au roi. Marmontel, convaincu d'une simple imprudence, avait lui-même à se plaindre de la personne offensée. On crut que la parodie était son ouvrage, et sur son refus de nommer l'auteur, il fut emprisonné onze jours à la Bastille, et privé d'un brevet auquel étaient attachés quinze à dix-huit mille livres de rentes : il n'en avait joui que deux ans. Ce revers inattendu ne l'empêcha point de continuer à ses tantes et à ses sœurs les pensions qu'il leur faisait. Son ardeur à poursuivre ses projets littéraires n'en fut que plus grande. L'Académie française lui décerna pour la troisième fois le prix de poésie en couronnant l'*Épître aux poëtes sur les charmes de l'étude.* A peu près à cette époque, parut la traduction en prose du poëme de *la Pharsale*, avec un supplément qui termine le livre x. Sa *Poétique française* fut publiée en 1763. Dédier cette poétique à Louis XV était une précaution adroite pour démontrer que le monarque approuvait son admission à l'Académie française. En effet, le 22 décembre 1763, il prit séance dans ce corps, où son élection avait été contrariée par le comte de Choiseul-Praslin, qui figurait dans la parodie dont nous avons parlé.

Se croyant atteint d'une maladie de poitrine funeste à toute sa famille, le nouvel académicien avait résolu de consacrer ses derniers jours à une fiction d'un genre élevé. *Bélisaire* fut son héros. Lequinzième chapitre sur la tolérance lui suscita la censure de la Sorbonne et de l'archevêque de Beaumont. Cependant l'ouvrage continua de paraître avec l'approbation du roi. Marmontel fut complimenté au nom des cours d'Autriche, de Russie, de Suède, etc.; Catherine II traduisit elle-même en langue russe ce même quinzième chapitre.

Sans aucune sollicitation, et sur la seule demande du duc d'Aiguillon, Marmontel obtint la place d'historiographe de France, vacante par la mort de Duclos. Six ans après il donna *les Incas*.

De son aveu, l'ambition de marcher sur les traces de Quinault le séduisit de bonne heure. Dans le temps où elle le dominait le plus, 1751, M. de Bernage, prévôt des marchands, lui avait proposé de travailler avec Rameau à un divertissement pour la naissance du duc de Bourgogne, frère aîné de Louis XVI. Il fit avec le même artiste d'autres actes détachés. Dans la suite, voulant adoucir la triste position de Grétry, il composa pour lui plusieurs opéras-comiques qui eurent du succès.

Il fit plus tard plusieurs autres publications en prose, parmi lesquelles se distinguent le discours intitulé : *De l'Autorité de l'usage sur la langue*, et un *Cours de littérature*.

A la mort de d'Alembert, secrétaire perpétuel de l'Académie française, Marmontel lui succéda ; il obtint aussi la place d'historiographe des bâtiments et la chaire d'histoire au Lycée ; mais les leçons y furent données par M. D.-J. Garot, son adjoint.

Marié, depuis 1777, avec une jeune nièce de l'abbé Morellet, ses jours s'écoulaient au milieu des douceurs de l'hymen et de l'amitié, quand la révolution française arriva. Il se présenta pour la députation aux états-généraux, mais le fameux Sieyes, son compétiteur, l'emporta sur lui. Aux approches de la journée du 10 août, Marmontel s'éloigna de la capitale ; il vécut quelque temps aux environs d'Evreux, puis auprès de Gaillon, au village d'Abbeville, où il acquit une humble habitation. Là, pour instruire ses enfants, il composait un cours élémentaire ; pour les récréer, il leur racontait les événements de sa jeunesse. Tel fut l'emploi de son temps jusqu'au mois d'avril 1797, époque où ses concitoyens le nommèrent député au conseil des Cinq-Cents. Le 18 fructidor termina sa carrière politique. De retour dans son asile champêtre, il chercha comme autrefois, dans la vigueur de sa jeunesse, à faire par le travail une diversion à ses peines. Le 31 décembre 1799, il mourut d'apoplexie, et fut enterré dans son jardin. Aux dons de l'esprit, il joignait les agréments extérieurs : sa taille était élevée, sa physionomie belle et d'une expression imposante ; mais on assure que sa conversation n'avait rien du charme de ses écrits.

MASSIEU (JEAN).

Massieu (Jean), sourd-muet, élève de l'abbé Sicard, successeur de l'abbé de l'Espée, est né en 1772, à Semens, près de Cardillac, dans le département de la Gironde, de parents très-pauvres, qui, par une fatalité singulière, comptaient six sourds-muets dans leur famille. Le jeune Massieu, employé aux travaux de la campagne, eut le bonheur, par l'entremise d'un citoyen bienfaisant de la contrée, de faire la connaissance de l'immortel abbé Sicard.

Cet habile maître, alors attaché à l'institution de Bordeaux, s'intéresse à son sort, l'emmène avec lui dans cette ville, et lui trouve des dispositions assez heureuses pour mériter qu'il lui consacre tous ses soins. Il a composé pour Massieu son *Cours d'instruction pour un sourd-muet.*

Appelé à Paris pour remplacer l'abbé de l'Espée, Sicard vit les soins qu'il avait donnés à son élève récompensés par un décret de l'Assemblée constituante, qui conférait à Massieu le titre de premier répétiteur des sourds-muets de Paris. C'est dans l'ouvrage que nous avons cité qu'on pourra prendre connaissance des longues et patientes leçons du maître, des progrès lents, mais assurés, de l'élève. On y verra que les idées les plus abstraites ne lui ont pas été étrangères.

Grammaire générale, génie des langues mathématiques, philosophie, il a tout étudié, et presque tout défini avec autant de justesse que de sagacité. Son application était soutenue et sa pénétration vive ; il avait l'insouciance et l'abandon d'un enfant, ses mœurs étaient simples ; on n'avait à lui reprocher qu'une légère brusquerie, qui même n'était pas dépourvue d'un certain agrément. Massieu était bon et reconnaissant. Ses parents, ses maîtres et sa mère surtout ont été les objets les plus constants de son affection. Ces objets chéris lui ont inspiré une foule de pensées qui partent de l'âme, et qui sont en même temps la preuve d'un esprit juste et profond, telles que ces deux-ci entre autres : *La reconnaissance est la mémoire du cœur;* DONNER A SES PARENTS, C'EST RENDRE.

Pour exprimer combien ses parents avaient été affligés

lorsque dans son enfance il se cassa une jambe, ils *pleuraient*, disait-il, *comme quand il pleut à verse*. A une séance publique de l'institution de Paris, une dame lui faisait entendre que la Providence est une bonne mère : Massieu lui répondit sur-le-champ : *La mère se tient auprès de ses enfants, tandis que la Providence se tient auprès de tous les êtres.*

Parmi un grand nombre de définitions toutes pleines de sens et d'esprit, nous citerons celles-ci : *L'espérance est la fleur du bonheur; l'éternité est un jour sans hier ni lendemain.*

Interrogé, en 1815, sur le meilleur des gouvernements, il répondit sans hésiter : *C'est le gouvernement paternel.*

Voici comment il définit les sourds-muets : *Un sourd-muet est un homme qui manque du sens de l'ouie, qui écoute avec les yeux, qui parle avec les doigts.*

Cet homme de bien est mort sans fortune, dans un âge encore peu avancé.

MASSON (JEAN-PAPIRE).

Les ouvrages de Masson se trouvent aujourd'hui relégués parmi les volumes oubliés dans quelque coin poudreux de nos bibliothèques; cependant il jouit autrefois d'une grande réputation comme historien. Il naquit à Saint-Germain-

Laval, bourg du Forez, en 1544. Sa mère, restée veuve de bonne heure, fit donner une assez bonne éducation à ses enfants. Papire, confié aux soins d'un oncle chanoine de Saint-Etienne, acheva ses études au collége de Billom, dirigé par les Jésuites.

Ayant formé le dessein d'entrer dans cette Société, il se rendit à Rome, avec un de ses condisciples qui se sentait la même vocation, et ils y prirent l'habit le même jour. Papire se fit bientôt connaître d'une manière avantageuse, et il fut chargé de prononcer l'oraison funèbre d'un cardinal, en présence du sacré collége. Il enseigna ensuite à Naples pendant deux ans. De retour en France, il professa les humanités et la philosophie à Tournon, puis à Paris.

Il céda aux sollicitations qui lui furent faites de sortir de la Société, pour occuper une chaire au collége du Plessis; mais dans le discours d'ouverture de ses leçons, loin de se livrer, comme on s'y attendait, à la censure de ses confrères, il en fit l'éloge le plus complet.

Il renonça en 1570 à l'enseignement, pour s'appliquer à l'étude du droit et suivre à Angers les leçons de Fr. Baudouin. A son retour, le chancelier de Chiverny lui confia la garde de sa riche bibliothèque, où il trouva toutes les ressources nécessaires pour se livrer à l'histoire. Masson se fit recevoir avocat au Parlement en 1576; il plaida une seule cause qu'il gagna, et renonça au barreau. Il fut nommé référendaire de la chancellerie, et ensuite substitut du procureur général, place qu'il remplit avec honneur jusqu'à sa mort, arrivée le 9 janvier 1611. Il fut enterré dans l'église des Billettes, où l'on voyait son épitaphe composée par lui-même. Papire Masson était d'un caractère gai, serviable, et il se montrait plus généreux que sa fortune ne le lui permettait. Il eut une dispute très-vive avec Fr. Hotman, au sujet de l'ouvrage intitulé *Franco-Gallia*, dont les principes lui parurent dangereux.

MÉZERAY.

Mézeray (François-Eudes), historien célèbre, naquit en 1610, près d'Argentan, dans le village de Rye, où sa mémoire s'est si bien conservée, qu'on y montre encore un arbre qui, selon la tradition, fut planté par lui. Son père, qui avait quelque instruction, lui fit faire des études dans l'université de Caen. Son inclination parut d'abord se diriger vers la poésie, à laquelle il renonça bientôt par l'avis, alors imposant, du rimeur Des Iveteaux, qui lui fit obtenir un brevet de commissaire des guerres. Dégoûté d'un emploi auquel on peut croire qu'il n'était pas très-propre, il revint à Paris. C'est alors qu'il eut la ridicule faiblesse de se faire nommer *de Mézeray*, pour relever son nom en lui donnant une apparence de noblesse dont il n'avait que faire.

Le dessein d'acquérir à la fois la célébrité d'un bel esprit et d'un homme versé dans la politique lui suggéra quelques écrits satiriques sur les affaires du temps. La critique du présent, toujours si facile, le porta heureusement à rechercher dans les siècles passés des objets de comparaison, et il prit le goût des études historiques. L'ardeur du travail l'emporta trop loin, il tomba dangereusement malade. Le cardinal de Richelieu sut qu'au collége Sainte-Barbe demeurait un jeune homme de grande espérance, que son goût pour l'étude avait réduit presque à l'extrémité. Il lui envoya deux cents écus, avec assurance de sa protection. Cette libéralité si bien placée pouvait cependant ne faire un jour de Mézeray qu'un historiographe de France, trop attaché à ses maîtres pour rendre hommage à la vérité; mais ce titre dont il fut revêtu plus tard n'empêcha pas qu'il ne se crût appelé à être historien, en écrivant avec une indépendance qui était trop dans son caractère pour être dominée.

Le premier volume de sa grande Histoire de France ne tarda pas à paraître. L'auteur avait senti que son livre aurait plus de faveur dans le public s'il était accompagné de gravures, accessoire assez inutile, mais qui alors, comme aujourd'hui, faisait vendre un livre sans le rendre meilleur : il tira de la *France métallique* par Jacques Bie, fameux graveur, des portraits de rois, de reines, et quantité de médailles vraies ou fausses. Tous les portraits, dont rien ne prouve la ressemblance, furent reçus pour authentiques.

Le succès de Mézeray surpassa son espérance, et les historiens qui l'avaient précédé tombèrent presque dans l'oubli. Les savants, jaloux d'une réputation nouvelle acquise aux dépens des anciens, dont Mézeray parlait fort légèrement, prirent le parti de ses rivaux, qui n'étaient que de faibles compilateurs. Leurs efforts furent vains : Mézeray l'emporta. A ce grand travail succédèrent quelques pamphlets contre Mazarin. Revenu à ses livres, et cédant aux conseils de ses amis, il commença l'abrégé de sa grande Histoire, et y travailla pendant dix ans. La première édition mit le sceau à sa réputation. Appliqué surtout à plaire par la manière de présenter les faits et de les peindre, il se croyait assez supérieur aux autres historiens pour se dispenser de faire de laborieuses recherches. La manière dont il envisageait, dans son Histoire, l'origine des impôts et de la gabelle, déplut fort à Colbert, qui lui fit témoigner son mécontentement par l'académicien Perrault, en lui faisant entendre que sa pension de 4,000 livres pourrait bien être suspendue.

Le mécontentement du premier ministre fut un peu calmé par la promesse que donna Mézeray de retoucher le passage dont on se plaignait. Les corrections furent faites avec tant de parcimonie, qu'elles ne produisirent pas de grands changements : le contrôleur général, se croyant joué, retrancha la moitié de sa pension. Mézeray était encore fort riche de ce qu'il avait retiré de ses ouvrages, mais son caractère indépendant ne s'imposa aucune retenue dans ses plaintes. Sa pension fut donc supprimée en entier. Mézeray déclara alors de dépit qu'il n'écrivait plus. Il remplaça à l'académie Voiture, dont il n'avait ni la grâce ni l'élégance. Sa négligence dans ses habits et sur sa personne devint si choquante, qu'un jour des archers s'assurèrent de lui, l'ayant pris pour un vagabond. La méprise lui plut. Une de ses manies était de travailler, en plein midi, avec des flambeaux. De peur que cette singularité ne ressortît pas assez, il ne manquait pas de reconduire jusqu'à la porte de la rue, une lumière à la main, ceux qui lui rendaient visite. On cite encore d'autres traits du même genre, qui peuvent avoir été inventés pour faire rire aux dépens de Mézeray, et qui n'ont rien au surplus d'assez piquant pour être rapportés.

Dans les dernières années de sa vie, il forma une liaison fort intime avec un cabaretier de La Chapelle, près Saint-Denis, dont il avait fait la connaissance en se promenant autour de Paris. Une humeur enjouée, de la franchise, du bon vin, séduisirent notre historien au point qu'il préférait la société du cabaretier Lefaucheur, à celle des beaux esprits qui recherchaient l'académicien.

Du reste, ses journées se passaient à La Chapelle, et son testament offrit un témoignage irrécusable d'une amitié si étrange : il institua Lefaucheur légataire universel de tout ce qu'il avait acquis par ses ouvrages.

Mézeray mourut le 10 juillet 1683. On pensait, d'après l'opinion que lui-même avait voulu accréditer, qu'il laissait des manuscrits très-précieux ; mais il ne laissa que quelques morceaux d'une faible importance.

Sa grande réputation ne lui a pas survécu longtemps : aujourd'hui les lecteurs lui font défaut. Il manque en effet d'exactitude ; son style est dur et inégal, ses transitions sont rarement heureuses et refroidissent les narrations. « Mais on sent, dit l'immortel d'Aguesseau, de » la force, du nerf dans sa manière. Si sa diction n'est » pas pure, il sait du moins penser noblement ; ses ré- » flexions sont courtes et sensées ; ses expressions quel- » quefois grossières, mais énergiques, et son Histoire » est semée de traits qui pourraient faire honneur aux » meilleurs historiens de l'antiquité. »

Mézeray sut toujours conserver une grande indépendance. Ce n'est pas seulement en traitant des impôts et de leur origine qu'il s'exposait à déplaire au pouvoir, il est, selon Bayle, celui de tous les historiens qui flatte le plus le peuple contre la cour. Il se fait un plaisir de flétrir tous les courtisans, qu'il appelle les sangsues des malheureux. On peut croire qu'il était de ces esprits que les troubles de la Fronde avaient amenés à espérer de grands changements dans la constitution de la France ; mais bien des années devaient s'écouler encore avant l'accomplissement de ses vœux.

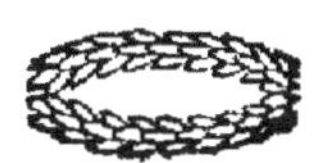

MABILLON (Jean).

Mabillon (Jean), Bénédictin de la congrégation de Saint-Maur, et l'un des hommes les plus savants qu'elle ait produits, était né à Saint-Pierremont, village à trois lieues de Reims, le 23 décembre 1632. Un de ses oncles, curé dans le voisinage, se chargea de son éducation, et l'envoya ensuite au collége de Reims, où il se distingua bientôt par la vivacité de son esprit, sa modestie et l'application qu'il apportait à ses devoirs. Ses cours terminés, on lui fit obtenir une place au séminaire, où il demeura trois ans, partageant son temps entre la lecture et la méditation. Il n'en sortit qu'avec la résolution d'embrasser la vie monastique, et il prononça ses vœux à l'abbaye de Saint-Rémi, au mois de septembre 1654. Mabillon fut presque aussitôt chargé de la direction et de l'enseignement des novices; mais l'ardeur avec laquelle il remplit ses nouvelles fonctions altéra sa santé et l'obligea de les discontinuer; et celui qui était né pour faire d'importantes découvertes dans tous les genres de littérature, se trouva presque réduit à n'oser penser. Ses supérieurs l'envoyèrent successivement dans différentes maisons, espérant que les voyages et la dissipation contribueraient plus que les remèdes à son prompt rétablissement. Le prieur de Corbie lui confia l'emploi de dépositaire et ensuite de cellerier de l'abbaye, et Mabillon trouva dans l'exercice de cette double charge une distraction utile à sa santé.

Cependant son goût pour la retraite lui faisait désirer avec impatience de rentrer dans la vie monastique, et il fut envoyé à l'abbaye de Saint-Denis, où on l'occupa pendant un an à montrer aux curieux les trésors et les tombeaux des rois de France.

Luc d'Achery continuait alors à Saint-Germain-des-Prés son grand recueil si connu sous le nom de *Spicilège*. Il demanda quelqu'un pour l'aider dans ses recherches, et l'on jeta les yeux sur Mabillon, qui, peu connu encore dans ce genre d'érudition, devait bientôt surpasser ses premiers maîtres. Mabillon fut ensuite chargé de publier une édition des œuvres desaintBernard, revue sur les anciens manuscrits, et la manière dont il s'acquitta de ce travail important fit pressentir tout ce qu'on pouvait espérer de son zèle. Un autre ouvrage, qui l'intéressait plus particulièrement, réclama bientôt ses soins : c'est le recueil des actes des saints de l'ordre de Saint-Benoît, rangés de manière à composer une histoire de cet ordre célèbre. L'examen attentif des chartes, des diplômes et des autres pièces historiques renfermées dans les archives de la congrégation, l'obligation de les déchiffrer, de les comparer, de les analyser, lui inspirèrent l'idée d'un travail réellement neuf, et dont l'importance ne peut être appréciée que par ceux qui ont besoin de recourir aux manuscrits originaux et d'en discuter l'âge et l'authenticité : il s'agit du grand traité de diplomatique de Mabillon, dont la publication fit époque dans l'histoire littéraire, et qui suffisait seul pour assurer à son auteur une réputation immortelle.

Colbert, à qui on parla de cet ouvrage, fit offrir à l'auteur une pension de deux mille livres ; mais l'humble religieux répondit qu'il n'avait aucun besoin et refusa, avec une fermeté qu'on ne put vaincre, la récompense due à ses utiles travaux.

Quelque temps après, il fut envoyé en Allemagne par ordre du roi, pour rechercher dans les archives et les bibliothèques les pièces les plus propres à enrichir l'histoire de France et celle de l'Eglise. Il n'y resta qu'environ cinq mois, et l'on ne saurait s'imaginer tout ce qu'il rassembla de pièces utiles et curieuses dans un si petit espace de temps.

Il ne borna pas là ses soins; il indiqua aux savants plusieurs morceaux intéressants restés inconnus jusqu'alors, même à ceux qui les gardaient, et parmi lesquels on ne peut s'empêcher de citer la Chronique de Trithème, publiée depuis par les moines de Saint-Gall.

Il s'était acquitté avec trop de succès de la commission que l'on venait de lui confier, pour qu'on ne souhaitât pas qu'il fit de semblables recherches dans les bibliothèque de l'Italie. Il s'y rendit et revint, au bout de quinze mois, chargé de nouvelles richesses. Mabillon avait été accueilli à Rome avec une distinction particulière, et ce fut la seule chose dont il oublia de parler dans la relation de son voyage. Il avait amassé plus de trois mille volumes rares et curieux, imprimés ou manuscrits, qu'il déposa ensuite à la bibliothèque du roi.

A peine avait-il publié le *Musæum Italicum*, qu'il fit paraître une nouvelle édition des œuvres de saint Bernard. Ses supérieurs l'engagèrent alors à donner son avis sur une question de la plus haute importance, et qui divisait les esprits : il s'agissait de savoir si les moines peuvent s'appliquer aux études. Le célèbre abbé de Rancé soutenait la négative ; Mabillon prouva, par l'exemple et l'autorité des Pères, et par la pratique constante des plus anciens monastères, la nécessité et l'obligation de l'étude pour les religieux. L'abbé de la Trappe répondit, et le public s'aperçut que les deux illustres adversaires n'étaient pas éloignés du même sentiment, puisque l'un ne condamnait que les connaissances frivoles, et l'autre ne conseillait que les études sérieuses. Cette contestation apaisée, Mabillon fut invité à reprendre la plume et à s'occuper de la rédaction des annales générales de l'ordre de Saint-Benoît. Son âge avancé et sa santé affaiblie par de longs travaux ne purent l'engager à refuser cette nouvelle tâche : il avait déjà publié les premiers volumes de cet important ouvrage, lorsqu'il fut attaqué d'une rétention d'urine. Il n'avoua cette incommodité que lorsqu'il n'y avait plus de remède ; il souffrit pendant trois semaines, avec une patience inaltérable, les douleurs les plus aiguës, et mourut le 27 décembre 1707, à l'abbaye de Saint-Germain-des-Prés, à l'âge de soixante-quinze ans.

Le pape Clément XI, en apprenant sa mort, écrivit

qu'il devait être inhumé dans le lieu le plus distingué, parce que les savants ne manqueraient pas de demander où reposaient ses cendres.

Les ouvrages de Mabillon sont d'un grand prix pour les savants, et si la connaissance des manuscrits a fait quelques progrès dans ces derniers temps, c'est uniquement à lui que l'on en est redevable.

MALOUET (Pierre-Victor).

Issu d'une famille pauvre, mais honnête, d'Auvergne, Malouet devint ministre de la marine et ami de Louis XVI. Ses parents, ne pouvant lui donner par eux-mêmes une éducation au gré de leurs désirs, le mirent dans un collége dirigé par les Oratoriens. Au sortir de l'enfance, Malouet eut un moment la pensée d'entrer dans cette congrégation. Cependant ses goûts l'ayant bientôt détourné de cette carrière, il suivit un cours de droit. La poésie était alors sa passion dominante : à seize ans il débuta par une ode sur la prise de Mahon ; elle fut suivie d'une autre, adressée au prince de Condé, sur ses victoires en Allemagne. Toutes deux furent imprimées dans le temps. Bientôt après il composa une tragédie et deux comédies, qu'il ne craignit pas de présenter aux comédiens français : mais sur les observations de Lekain, il abandonna ce genre de littérature et partit à dix-huit ans pour le Portugal, avec le titre de chancelier du consulat de Lisbonne: il était en même temps attaché à l'ambassade du comte de Merle, qui fut bientôt après rappelé. Malouet revint avec lui, et peu après il fut employé dans l'administration de l'armée du maréchal de Broglie. Il courut quelque danger à la bataille de Fillinghausen.

Lors de la paix de 1763, il entra au service de la marine. Quand eut lieu le malheureux essai d'une colonisation dans la Guiane, il fut envoyé à Rochefort comme inspecteur des magasins des colonies, pour diriger les embarquements. Nommé sous-commissaire en 1767, il fut employé à Saint-Domingue, et en 1768, il devint ordonnateur au Cap. Ce fut pendant ce voyage qu'il composa les *Quatre parties du jour à la mer*, morceau de poésie qui rappelle son premier penchant. Nommé commissaire en 1769, il séjourna encore cinq ans dans cette île, et commença dès lors à préparer les matériaux des mémoires qu'il a publiés plus tard sur l'administration des colonies.

A son retour, madame Adélaïde le fit nommer secrétaire de ses commandements. Peu de temps après, M. de Sartine l'envoya à Cayenne, pour reconnaître les moyens d'accroître cette colonie, où il n'eut pas le temps de réaliser tout le bien qu'il avait conçu. Nommé ordonnateur, il repassa en France en 1779. La guerre s'étant déclarée dans l'intervalle, il fut pris par un corsaire, conduit en Angleterre et bientôt après rendu à la liberté. En arrivant à Paris, il reçut du roi les témoignages les plus flatteurs de satisfaction. En 1780, il fut envoyé à Marseille en qualité de commissaire pour la vente de l'arsenal, et l'emprunt de six millions fait aux Génois. Après cette opération, il fut nommé intendant de la marine à Toulon. Ce port, qu'il administra pendant huit années et aux travaux duquel il eut une part si active, rendra longtemps témoignage de ses lumières et de son zèle.

Le bailliage de Riom l'élut député aux états-généraux en 1789; et une carrière nouvelle s'ouvrit pour lui. Le discours qu'il prononça lorsqu'il fut chargé par cette ville de porter ses cahiers à l'assemblée du tiers-état de la sénéchaussée d'Auvergne, cahiers dont il avait été le principal rédacteur, annonçait la ligne de conduite qu'il tiendrait. Dévoué tout ensemble à la cause du trône et à celle de la liberté, ne les séparant pas dans son esprit l'une de l'autre, et désirant voir s'établir en France un gouvernement à peu près semblable à celui de l'Angleterre, il se montra dès le commencement de la révolution comme un des chefs du parti auquel on donna le nom de *monarchiens*. A l'ouverture des états-généraux, il appuya les démarches tentées pour obtenir la réunion des trois ordres; mais lorsque le tiers-état voulut se former en Assemblée nationale, il rejeta cette dénomination, et présenta celle de *majorité des représentants*. Dans la discussion de la constitution il se déclara pour le *véto suspensif*. Il s'opposa fortement à la déclaration des *droits de l'homme*. Après les événements des 5 et 6 octobre, il se plaignit de ce que le deuple était excité contre plusieurs députés, et particulièrement contre lui-même, qui avait été l'objet d'invectives et de menaces, et il demanda une loi contre les écrits séditieux ; mais Mirabeau fit rejeter sa proposition. Cependant il soutint Malouet peu de temps après contre les imputations du comité des recherches. Les [illegible] et 15 décembre Malouet défendit et fit acquitter le chef d'escadron d'Albert de Rioms. Il déposa dans le procès commencé au Châtelet sur les événements des 5 et 6 octobre, dont il avait tracé publiquement le plus douloureux tableau. Il attaqua vivement Marat et ses feuilles, et fit rendre un décret qui traduisait Camille Desmoulins au Châtelet, comme auteur de pamphlets séditieux ; mais Desmoulins fit annuler ce décret. Effrayé des troubles qui avaient lieu sur tous les points de la France, Malouet, appuyé par Cazalès, demanda, le 20 février 1790, que le roi fût temporairement investi du pouvoir dictatorial. Cette motion, après de vifs débats, fut repoussée à une forte majorité. Au mois de novembre 1789, il avait reconnu que la nation était propriétaire des biens du clergé, mais sous la condition qu'ils seraient employés à l'entretien du culte et au soulagement des pauvres, sans qu'il fût jamais permis d'assigner à ces biens une autre destination. Il combattit ensuite le système des assignats. Pour balancer le pouvoir qu'acquérait chaque jour la société des *Jacobins*, Malouet et les députés de son parti formèrent un club sous le titre de *Club des impartiaux*, que le public nomma club *monarchique* : mais le peuple força bientôt cette assemblée à se dissoudre. A l'époque du voyage de Varennes, Brissot et

Thomas Payne ayant demandé publiquement la républi-que, Malouet arracha une de leurs affiches pour la dénoncer à l'Assemblée, qui passa à l'ordre du jour. Lorsqu'a-près le retour du roi, le comité de constitution proposa de suspendre provisoirement le pouvoir royal, Malouet attaqua ce projet.

Etroitement lié avec l'abbé Raynal, qu'il avait recueilli à Toulon à son retour de Prusse, il avait proposé à l'Assemblée et obtenu, le 15 août 1790, la révocation de l'arrêt prononcé contre cet écrivain. Malouet comptait sur son influence pour rattacher à la monarchie les partisans de la liberté, dont son ami avait été l'un des plus ardents apôtres. Aussi lui a-t-on attribué une grande partie de la lettre adresseé par Raynal à l'Assemblée. Le projet en fut arrêté dans une réunion dont Malouet faisait partie, mais la lettre fut rédigée par Clermont-Tonnerre, et Raynal en modifia seulement les premières expressions pour leur donner plus d'énergie.

Lorsque les événements prirent un caractère plus grave et que la chute de la monarchie parut imminente, Malouet fut appelé par Louis XVI dans un conseil intime, sans autre titre que celui du dévouement et de la sincérité de son caractère. Jusqu'à l'événement du 10 août 1792, Malouet continua de donner des conseils et de multiplier ses efforts pour le prévenir. Echappé aux massacres de septembre, il se réfugia en Angleterre, où il publia un écrit pour la défense de Louis XVI. Le 8 novembre 1792, il adressa au ministre de France en Angleterre une demande pour venir défendre ce prince au péril de sa vie. Sa note fut transmise par le ministre des affaires étrangères, le 20 du même mois, à la Convention, qui, passant à l'ordre du jour, renvoya les pièces au comité *d'aliénation* pour que le pétitionnaire fût inscrit sur la liste des émigrés.

Revenu en France vers 1801, il fut arrêté comme émigré, et reconduit à la frontière ; mais rendu presque immédiatement à la liberté, il vit rechercher ses conseils pour la restauration de la marine française. D'immenses travaux étaient projetés à Anvers : Malouet fut chargé de les diriger. Nommé commissaire général de la marine, avec le pouvoir de préfet maritime dans ce port, le 3 octobre 1803, il y créa les plus vastes établissements au milieu de nombreuses difficultés. La responsabilité de cette grande opération, les fatigues qu'il essuya pendant l'expédition des Anglais dans l'Escaut (circonstance où il déploya toute la fermeté de son caractère, et qui fit dire au chef du gouvernement que M. Malouet avait *éminemment le courage d'esprit*) ; enfin l'influence du climat de la Belgique qui lui était contraire, commencèrent à altérer sa santé. Il avait reçu en 1808 le titre de maître des requêtes ; au commencement de 1810, il fut nommé conseiller d'Etat et appelé au conseil, où il siégea jusqu'à la fin de 1812. A cette époque, soit que l'empereur fût importuné de la franchise et de la persévérance de son opposition dans la discussion de plusieurs affaires, soit qu'il eût reçu des rapports contre lui, il l'éloigna du conseil et l'exila à quarante lieues de Paris.

Malouet se retira dans une petite propriété qu'il avait en Touraine : il y vivait dans le repos le plus absolu, lorsque Louis XVIII revint en France. Malouet se rendit aussitôt à Paris, et dès le 2 avril 1814, il fut nommé, par le gouvernement provisoire, commissaire au département de la marine. Le 13 mai, il prêta serment comme ministre secrétaire d'Etat du même département, et fut nommé peu après chevalier de Saint-Louis. Depuis 1811, il était commandant de la Légion-d'Honneur. Il se livra dès lors avec son zèle accoutumé aux travaux extraordinaires qu'exigeait l'administration ; mais ces travaux achevèrent de ruiner sa santé : il succomba le 7 septembre 1814.

Chargé pendant plus de quarante ans de différentes administrations, Malouet mourut sans fortune, et les frais de ses obsèques furent payés sur le trésor. La modération était le trait distinctif de son caractère. A une intégrité scrupuleuse il joignit cette probité politique qui consiste à subordonner tous les intérêts aux devoirs, et à demeurer invariablement attaché aux principes. Il fut lié avec les hommes les plus illustres de son siècle, et jouit toujours de l'estime de ceux qui furent ses adversaires. Lorsque Fouché fut proscrit sous Napoléon, on vit Malouet, bravant les menaces de l'autorité, rendre publiquement visite à cet ami de son enfance, avec lequel il avait étudié à l'Oratoire. Au milieu des soins actifs d'une administration étendue, il conserva le goût des lettres et ne cessa de les cultiver. Malouet avait une figure noble et une taille très-élevée, il a été deux fois marié et n'a laissé qu'un fils.

MANUEL (Pierre-Louis).

Issu d'une pauvre famille de Montargis, en 1751, Manuel reçut cependant une bonne éducation ; il fut admis dans la congrégation des doctrinaires, qu'il abandonna pour se rendre à Paris, où il devint précepteur du fils d'un banquier. Aussitôt que Manuel se vit libre, il publia un pamphlet qui le fit mettre pour trois mois à la Bastille.

Membre de la Société des Amis de la constitution, il fut bientôt nommé procureur de la commune de Paris. La position de Manuel devint difficile : il avait un rôle à jouer à la commune, un autre aux Jacobins (précédemment les Amis de la constitution), et pour conserver la faveur qui l'avait élevé, il fallait enchérir le lendemain sur les discours de la veille. Le 17 mai 1792, il proposa aux Jacobins de renfermer la reine, comme suspecte, au Val-de-Grâce, pendant tout le temps de la guerre. Il provoqua et dirigea l'insurrection du 20 juin. Le 6 juillet, suspendu de ses fonctions, ainsi que Pétion, maire de Paris, par un arrêté du département, comme n'ayant pas pris de mesures pour prévenir l'insurrection du 20 juin précédent, il fut réintégré le 13 par un décret, immédiatement suivi de la déclaration faite par l'Assemblée législative que la patrie était en danger. Il prit une part active à la journée du 10 août. Le 13, il fut chargé de conduire le roi au Temple. Quelques jours après, il s'opposa avec force à ce que le roi et sa famille fussent enfermés dans la tour; il soutenait que, sans recourir à des rigueurs inutiles, on pouvait également veiller sur eux dans le palais du Temple.

Quelque temps après, il fut porté à la Convention, et, dès la première séance, il proposa que le président de l'assemblée fût logé aux Tuileries, afin de l'environner, disait-il, d'une grande considération. Au bout de quelques jours il demanda que le peuple, réuni en assemblées primaires, se prononçât sur l'abolition de la royauté. Quand elle fut décrétée, on chargea Manuel, en qualité de procureur de la commune, d'aller l'annoncer au roi ainsi que l'établissement de la république. Manuel avait jusque-là manifesté une grande exaltation. Du moment qu'il vit la famille royale captive, il se montra sensible et modéré. On a attribué ce changement à diverses causes. La plus vraisemblable est son caractère ardent et compatissant, qui dût être ému de la résignation avec laquelle les prisonniers, confiés à sa garde, supportèrent leur infortune. Il fit tous ses efforts pour adoucir leur situation.

C'est à tort qu'on l'a accusé d'avoir pris part aux massacres de septembre ; il en eut connaissance sans doute, mais on sait qu'il eut à ce sujet une vive altercation avec Danton, alors ministre de la justice ; on l'a vu encore, la veille même du 2 septembre, sauver Beaumarchais, qui l'asait offensé et qui le regardait comme son ennemi personnel.

Ami surtout des députés de la Gironde, il siégea avec eux jusqu'au moment où il donna sa démission, et certes ils l'eussent repoussé avec horreur s'il eût été coupable de forfaits sur lesquels ils appelèrent la vengeance nationale. Enfin, le 5 septembre 1792, il prononça, à la tribune des Jacobins, un discours où il déclare « que les massacres du 2 septembre avaient été la Saint-Barthélemy du peuple, et que tout Paris était coupable pour avoir souffert ces assassinats. » Une dernière preuve existe encore en sa faveur : il proposa, malgré les menaces de la *Montagne*, « que tout Français sorti de France après les massacres de septembre et retiré en pays neutre, ne pût être considéré comme émigré. »

La Convention ayant décrété que Louis XVI serait jugé par elle, Manuel obtint, contre l'opinion de plusieurs députés, qui voulaient procéder au jugement sans désemparer, que Louis XVI serait entendu à la barre ; et lors qu'on eut retiré du greffe du tribunal du 27 août les pièces relatives au roi, il fit encore décréter, le 6 décembre, que ce prince serait mandé à la barre le 10. Le 27, Manuel insista pour que la défense du roi, prononcée la veille, et les pièces d'accusation fussent imprimées et envoyées dans les départements, et proposa l'ajournement de la discussion à trois jours. Dans les appels nominaux sur le jugement, il vota la culpabilité, se prononça en faveur de l'appel au peuple, de la détention provisoire et du bannissement à la paix. Le jour même de la condamnation du roi, Manuel donna sa démission, et écrivit à l'assemblée que, « composée comme elle l'était, il lui était impossible de sauver la France, et que l'homme de bien n'avait plus qu'à s'envelopper de son manteau. » On passa à l'ordre du jour après de vifs débats.

Il se retira à Montargis, où, dans le courant de mars, des furieux l'accablèrent de coups de pierre et de bâton, et le laissèrent pour mort. Il se rétablit néanmoins. Après le 31 mai, il fut arrêté par ordre des comités de salut public et de sûreté générale, et conduit à la Conciergerie. On l'appela comme témoin dans le procès de la reine; mais, loin d'accuser cette princesse, il loua son courage et plaignit ses malheurs. Traduit lui-même devant le tribunal révolutionnaire, il montra dans sa défense beaucoup de force et de présence d'esprit, et répondit à l'accusation d'avoir voulu sauver le roi, qu'effectivement il eût désiré qu'on l'envoyât en Amérique. Il rappela en vain les services du 10 août, et termina son discours par ces mots : « Non, le procureur de la commune du 10 août n'est point un traître; je demande que l'on grave sur ma tombe que c'est moi qui fis cette journée. » Condamné à mort, il fut exécuté le 14 novembre 1793, à l'âge de quarante-deux ans.

DUPUYTREN (GUILLAUME).

Parmi les hommes illustres que notre époque a vus sortir du village pour aller remplir de leur nom les grandes cités, la France et l'Europe entière, il n'en est aucun dont la vie ait été mieux remplie, plus utile à l'humanité que celle de Dupuytren. S'il n'a pas gagné des batailles, il a arraché à la mort des milliers de victimes; s'il n'a pas reculé les bornes des sciences spéculatives, dans combien de malheureux n'a-t-il pas vivifié les ressorts d'une existence presque éteinte! Nous l'avons vu naguère, c t éloquent professeur de l'Hôtel-Dieu, illustre successeur des Petit et des Desault, le rival des plus célèbres chirurgiens de la France et de l'Europe, le maître de tant de jeunes célébrités, l'honneur de nos écoles, nous l'avons vu glacé par la mort qu'il avait conjurée tant de fois. Ce corps robuste et si plein de vie, cette tête pleine d'énergie, ce front de génie, ces yeux de feu, ces traits prononcés, où l'expression du maître et de l'homme supérieur avaient laissé une si profonde empreinte, tout cela était séparé de la pensée qui l'animait, couché sur un lit de mort, froid, inanimé, affaissé. Cette bouche flétrie, ces yeux obscurcis, ces membres roidis par la mort, ce cadavre enfin commandait encore le respect, et cette sorte de crainte qu'inspirait toujours le regard du grand chirurgien. Et cependant il fallut, par son ordre même, briser ce crâne, ouvrir cette large poitrine, peser cet énorme cerveau, mesurer ce vaste cœur, pour rechercher dans les organes les plus profonds les causes de cette mort prématurée, de cette maladie cruelle dont lui-même avait analysé tous les symptômes pendant sa longue agonie. « Que l'on examine mon cœur, avait-il dit, et l'on y trouvera le siége de ma maladie, la lésion produite par mes chagrins et mes tourments. »

Eh quoi! ce savant dont la parole imposante faisait foi, ce prince de la chirurgie moderne, aux leçons duquel la jeunesse des deux mondes venait s'instruire, que l'on venait consulter de tous les coins de la France et du bout de l'Europe, cet homme enfin marchant le premier partout, souffrait plus de ses chagrins qu'il ne triomphait de sa gloire, et son cœur s'est gonflé sous le poids de la tristesse et des ennuis! Et quelle âme cependant était mieux trempée que la sienne? Mais sans chercher à pénétrer des peines secrètes que nous respectons, nous pouvons dire que Dupuytren avait au plus haut degré la faiblesse des grands hommes, qui ne sont pas assez grands pour mépriser l'envie. Peu sensible aux éloges, la critique le pénétrait de son dard jusqu'au fond du cœur, et jamais l'impression ne s'en effaçait de son esprit.

Dupuytren n'oubliait rien de ce qu'on faisait pour lui, mais le mal surtout pesait de tout son poids sur sa poitrine : il y a des injures et des calomnies dont il a été oppressé jusqu'à la fin de sa vie. Il avait senti sa supériorité de bonne heure, et son courage ne l'avait pas un instant abandonné pour atteindre le but qu'il voyait de loin. « Ce qu'il faut craindre avant tout, disait-il souvent, c'est d'être homme médiocre. » Et il avait travaillé sans relâche, et il avait fui les douceurs et les plaisirs de la vie, et il s'était condamné à une existence sévère et dure pour s'élever aussi haut qu'il s'en sentait la force. Il ne pensait pas que l'injustice pût l'atteindre au point d'où il dominait; et cependant, que de reproches ne lui a-t-on pas adressés! que de calomnies n'a-t-on pas répandues sur lui! Ne pouvant nier son génie, on attaquait sa vie, son caractère, l'homme enfin à défaut du savant que l'on était forcé d'admirer avec tout le monde.

Nous ne prétendons pas que le caractère de Dupuytren fût un modèle de douceur et de bonhomie, mais, sans entrer ici dans l'appréciation de ses qualités et de ses défauts, nous dirons à son honneur qu'il a conservé jusqu'à la fin de sa vie des amis nombreux et dévoués; et d'ailleurs, c'est une odieuse chose que de rabaisser le génie en s'attaquant aux faiblesses de la vie privée.

Guillaume Dupuytren est né à Pierre-Buffière, département de la Haute-Vienne, le 5 octobre 1778; ses parents n'avaient pas de fortune, et ne songeaient même pas à l'envoyer à Paris. Celui qui devait laisser un jour une si grande renommée et une si grande fortune jouait, encore enfant, sur la place de son pays natal, pendant qu'un régiment de cavalerie le traversait. Un officier de ce régiment, ayant remarqué sur sa jeune physionomie je ne sais quelle expression d'avenir dont il fut frappé, lui proposa de l'emmener à Paris. Dupuytren saisit cette offre, et n'hésita pas à se lancer dans ce vaste champ où il a tracé depuis un si profond sillon. Son arrivée à Paris date de 1790: il était donc alors âgé de douze ans. Bientôt son heureuse étoile et la Providence le firent rencontrer par M. Thouret, médecin célèbre, qui le prit en grande amitié. Thouret le devina si bien, qu'à quelques années de là, une de nos Facultés de médecine ayant réclamé le jeune Dupuytren pour être professeur d'anatomie, « la ville de » Montpellier, dit-il, n'est pas assez riche pour payer un tel » homme. »

Dupuytren fut reçu chirurgien de seconde classe au

concours, le 26 fructidor an 10, docteur en 1803, chirurgien adjoint en chef en 1808, et en 1812 il obtint, dans un brillant concours dont l'école conserve le souvenir, la chaire de professeur de chirurgie. En 1815 il fut nommé chirurgien en chef de l'Hotel-Dieu, et membre de l'Institut en 1818.

La plupart de ces nominations furent donc obtenues après des concours brillants et pénibles, dans lesquels Dupuytren eut à lutter contre des hommes d'un mérite transcendant, placés aujourd'hui à la tête de la médecine et de la chirurgie françaises. Aussi l'institution des concours n'eut-elle jamais de plus éloquent défenseur que lui. On se souvient encore qu'en 1821, portant la parole au nom de la Faculté de médecine dans une séance solennelle, il demanda dans un discours remarquable le rétablissement de cette institution, supprimée depuis sept ans, et il proposa de tenir compte aux concurrents de leurs titres antérieurs. Cette idée, pleine de sens et d'équité, fut depuis accueillie avec empressement par la Faculté, et elle fait aujourd'hui la base de l'une des épreuves de ses concours publics.

L'activité de Dupuytren, comme chirurgien de l'Hôtel-Dieu et comme professeur de la Faculté de médecine, ne s'est jamais démentie. Le conseil général conservera longtemps le souvenir des services qu'il a rendus aux pauvres dans le premier hôpital de Paris. D'un autre côté, la Faculté de médecine n'a jamais vu les devoirs du professorat remplis avec plus d'assiduité. Toujours, et dans ses leçons et dans ses actes, son esprit positif se décelait par les conseils judicieux qu'il donnait, et par l'application immédiate qu'il en faisait à l'art de guérir.

Le 15 novembre 1833, Dupuytren fut frappé d'une légère attaque d'apoplexie, à la suite de laquelle on remarqua un peu de paralysie dans la bouche et de la difficulté à s'exprimer. En n'entendant plus cette parole animée, précise et pénétrante sortir avec facilité; en voyant l'embarras de sa langue, à laquelle ne manquait jamais autrefois le mot juste, ses amis, ses nombreux élèves et la Faculté de médecine sentirent la perte qui les menaçait. A force d'instances et de prières, il consentit à quitter pour la première fois ses devoirs et ses travaux, et il partit pour l'Italie.

Il revint dans un état assez satisfaisant, et pendant un moment l'on reprit espoir. De retour à Paris, on le vi' aussitôt reprendre ses leçons à l'Hôtel-Dieu, et présider même un concours de chirurgie à l'école de médecine. Ce fut là probablement qu'une seconde maladie vint compliquer la première, et par malheur cette maladie, qui était une pleurésie, fut d'abord méconnue, l'attention étant entièrement fixée sur l'affection cérébrale. Au mois de juillet il voulut aller prendre les bains de mer, mais au bout d'un mois il revint de Tréport beaucoup plus malade qu'il n'était en partant. L'épanchement avait fait des progrès; il n'était plus possible de se faire illusion sur la nature du mal. Tous les moyens furent employés, mais on n'obtint que du soulagement et jamais de guérison. Enfin il expira le 8 février 1835, ayant conservé jusqu'à la fin la pleine jouissance de ses facultés intellectuelles.

DUVAL (Valentin-Jamery).

Bibliothécaire de l'empereur François Ier, Duval naquit, en 1695, d'un pauvre laboureur, au petit village d'Artonay en Champagne. Orphelin à dix ans, chassé de son pays à quatorze, faute d'y trouver à servir, marchant au hasard, dans l'affreux hiver de 1709, en pleine campagne, couvert de neige, demi-mort de froid, sans pain, sans asile, sans espoir, il fut surpris par la petite vérole. La violence de ses douleurs et la rigueur de la saison l'obligèrent de s'arrêter devant une méchante ferme : il n'y eut pour retraite qu'une étable, et un tas de fumier sous lequel on l'ensevelit.

La chaleur qu'il y trouva le dégourdit peu à peu et facilita l'éruption, il ne tarda pas à être couvert de boutons; mais il manquait de secours, car tout était saisi dans la ferme; le maître n'avait pas lui-même de quoi vivre, et ce fut un excès de compassion qui l'engagea à donner au moribond, pour toute boisson de l'eau glacée, pour toute nourriture un peu de bouillie à l'eau, à peine salée, et ensuite du mauvais pain desséché, que le pauvre enfant faisait dégeler dans son fumier. Les moutons, dont il partageait l'asile semblaient être touchés de sa peine et voulaient le consoler en le léchant ; mais quoique la rudesse de leur langue ajoutât à son supplice, il paraissait plus occupé de la crainte de leur communiquer son venin.

Quelque faibles que fussent les secours qu'il recevait dans cette étable, il fut impossible au maître de les continuer : il fallut le transporter, encore malade, couvert de haillons et de foin, chez un curé du voisinage, où il fut près d'expirer du froid qu'il avait essuyé dans la route. Il guérit pourtant, mais la famine qui désolait cette contrée lui fit encore perdre cet asile, dès que ses forces lui permirent de le quitter. Ne sachant où reposer sa tête, il s'informe s'il n'est pas quelque pays que ce fléau ait respecté : on lui parle du Midi, de l'Orient ; c'était pour lui des idées nouvelles.

Ces mots furent donc la source de ses premières réflexions, sa première leçon de géographie ; il marche donc vers le point où le soleil paraissait se lever, il traverse la Champagne : de misérables huttes, à peine couvertes de chaume et d'argile, habitées par des paysans pâles, languissants et livides, lui présentent tout ce que la misère a de plus effrayant. Il arrive enfin à Senaïde, et une scène nouvelle s'ouvre à ses yeux : des maisons spacieuses, bien couvertes, et dignes des hommes forts et vigoureux qui les habitaient ; des femmes lestes et bien vêtues, des enfants nombreux et gais, le spectacle de l'aisance et du bonheur l'avertirent qu'il avait changé de pays. Il s'arrêta par hasard à l'ermitage de la *Rochette*, où le bon solitaire

Palémon le reçut, lui fit partager son genre de vie, ses travaux, et lui apprit à lire. Duval, né avec une sensibilité fougueuse, entrait dans l'âge où les passions se développent. Le besoin d'un attachement, la lecture des livres ascétiques qui composaient la bibliothèque de l'ermite, tournèrent ses premières idées vers la dévotion, non pas celle qu'il appelle lui-même une piété solide et pure, mais cette dévotion minutieuse et contemplative qui consiste en vaines pratiques, et s'allie très-bien avec les passions, en devenant elle-même une passion condamnable. Peu à peu son enthousiasme diminua, et il eut de la piété sans superstition. De la retraite de la Rochette, il passa dans celle de Sainte-Anne, auprès de Lunéville. Six vaches à garder, quatre ermites de la plus grossière ignorance, et quelques bouquins de la Bibliothèque bleue, furent les seules ressources que Duval y trouva pour son éducation. Il parvint cependant à apprendre seul à écrire. Un petit abrégé d'arithmétique devint le nouvel objet de ses études, auxquelles il se liva dans le silence des bois. Enfin il prit les premières notions d'astronomie et de géographie, à l'aide de ses seules observations, de quelques cartes, et d'un tube de roseau placé sur un chêne élevé, dont il avait fait son observatoire. Plus il apprenait, plus il brûlait du désir d'apprendre encore ; mais l'état de sa bourse ne répondait pas à son désir : pour y suppléer, il s'avisa de déclarer la guerre aux habitants des forêts, dans le dessein de vendre leurs fourrures.

L'ardeur qu'il mettait à cette chasse, ennoblie par son

motif, est vraiment incroyable. Il eut un jour une lutte à soutenir contre un chat sauvage dont la victoire lui coûta beaucoup de sang. Enfin, sa constance lui ayant procuré, au bout de quelques mois, une quarantaine d'écus, il les porta bien vite à la ville voisine pour avoir des livres. Une aventure heureuse augmenta son petit trésor : il trouva un jour un cachet d'or armorié. Il le fait annoncer au prône : un Anglais se présente, c'était M. Forster, homme d'un mérite connu. « Si ce cachet est à vous, dit Duval, je vous prie de le blasonner. — Tu te moques de moi, jeune homme ; le blason n'est pas de ton ressort. — Soit, mais je vous déclare qu'à moins de blasonner votre cachet, vous ne l'aurez pas. » Surpris de ce ton ferme, M. Forster obéit, récompensa le jeune pâtre, et l'invita à l'aller voir. Par sa générosité la bibliothèque de Duval s'accrut jusqu'à quatre cents volumes, tandis que sa garde-robe restait toujours la même. Un sarrau de toile ou de laine composait tout son ajustement.

Pendant qu'il formait ainsi son esprit par l'étude, le troupeau n'en allait pas mieux : les ermites se plaignirent· l'un d'eux le menaça même de brûler ses livres, et joignit un geste offensant à cette menace. Duval était né, comme nous l'avons dit, ardent et sensible; la servitude avait plié son âme à la soumission, mais nullement aux insultes : il saisit une pelle à feu, met le frère à la porte de sa propre demeure, en fait autant aux autres qui accourent au bruit, et s'enferme seul à double tour... Le supérieur arrive, et Duval ne lui ouvre la porte qu'après lui avoir fait accepter une capitulation. Les deux points principaux du traité furent l'oubli de tout le passé, et deux heures par jour, à l'avenir, pour vaquer à ses études.

A ces conditions il s'engagea à servir l'ermitage pendant dix ans pour la nourriture et l'habit. Ce qu'il y a de plus plaisant, c'est que cet acte fut ratifié chez un notaire de Lunéville.

Le bois où Duval menait paître ses vaches était son cabinet d'études le plus ordinaire. Un jour qu'il s'y était entouré de ses cartes de géographie, il fut abordé par un homme de bonne mine qui, surpris de cet appareil, lui demanda ce qu'il faisait là. « *J'étudie la géographie.* — Est-ce que vous y entendez quelque chose? — *Mais vraiment oui. Je m'occupe de ce que j'entends.* — Où en êtes-vous? — Je cherche la route de Québec, pour aller continuer mes études à l'université de cette ville. (Il avait lu dans ses livres que cette université était fameuse.) — Il y a, reprit l'inconnu, des universités plus à votre portée : je puis vous en indiquer une. » A l'instant il est investi par un grand cortége : c'était celui des jeunes princes de Lorraine. On finit par lui proposer d'achever ses études chez les Jésuites de Pont-à-Mousson; Duval hésita : l'étude lui était chère, mais la liberté lui était plus chère encore, et il n'accepta qu'avec la condition formelle de la conserver.

Ses études furent si rapides, qu'au bout de deux ans le duc Léopold, qui voulait se l'attacher, lui fit faire plusieurs voyages, entre autres celui de Paris. A son retour il le nomma son bibliothécaire et professeur d'histoire à l'Académie de Lunéville. Cette place et les leçons particulières qu'il donnait à des Anglais, entre autres au fameux lord Chatam, lui procurèrent les moyens de faire rebâtir à neuf son ancien ermitage de Sainte-Anne. Lorsque la Lorraine fut cédée à la France, il se rendit à Florence, où il resta dix ans. Il fut appelé à Vienne, par l'empereur François, pour lui former un cabinet de médailles. C'est là qu'il vécut, aimé et considéré de toute la famille impériale, et qu'il mourut le 3 novembre 1775, âgé de près de quatre-vingts ans. Les qualités de son cœur lui méritèrent le respect des grands et l'amour du peuple; car, malgré son immense érudition, il était modeste. Il répondait souvent aux questions qu'on lui faisait : *Je n'en sais rien.* Un ignorant lui dit un jour : « L'empereur vous paie pour le savoir.—L'empereur, répliqua-t-il, me paie pour ce que je sais : *s'il me payait pour ce que j'ignore, tous les trésors de l'Empire ne suffiraient pas.* »

On a publié ses OEuvres, qui forment deux gros volumes.

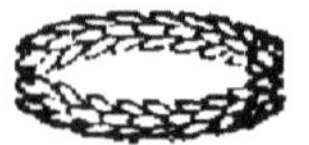

FLÉCHIER (Esprit).

Fléchier naquit le 10 juin 1632, d'une famille obscure, à Pernes, dans le diocèse de Carpentras. Le P. Audifret, général de la congrégation de la Doctrine chrétienne, était son oncle. Il prit soin de sa jeunesse et surveilla ses premières études. Lui-même, à l'âge de seize ans, entra dans cette congrégation, où il se forma à la piété et aux vertus ecclésiastiques. Il avait pour l'éloquence des dispositions qui n'échappèrent pas à la pénétration du P. Audifret, et que celui-ci s'appliqua à cultiver. Il s'attacha surtout à inspirer à son jeune parent l'amour du beau et du vrai, par la lecture des bons modèles. Fléchier raconte qu'il y mêlait celle des sermonaires italiens et espagnols, qu'il appelait ses *bouffons*. Il apprenait dans ceux-là le secret des belles compositions; les autres lui offraient les défauts qu'il devait éviter, et il avoue que le ridicule de ces derniers n'a pas peu contribué à le guérir de l'afféterie et de l'emphase, et à lui épurer le goût.

Suivant l'institut de la congrégation, Fléchier fut employé à l'enseignement. En 1659, âgé seulement de vingt-sept ans, il professait la rhétorique à Narbonne, et il y prononça l'oraison funèbre de M. de Rebé, archevêque de cette ville. On ne la trouve point dans ses œuvres, sans doute parce qu'elle était au-dessous de la renommée qu'il acquit depuis.

Peu de temps après, le P. Audifret étant mort, et quelques changements qui ne convenaient pas à Fléchier devant s'opérer dans le régime des doctrinaires, il en quitta l'habit et vint à Paris, où d'abord il fut employé dans une paroisse comme catéchiste; mais bientôt il se fit connaître par des poésies latines et françaises, et surtout par une description en beaux vers latins du brillant carrousel, *Circus regius*, dont Louis XIV donna le spectacle en 1662. On s'étonna de voir rendues avec tant de succès dans une langue ancienne, des idées qui n'appartenaient qu'à nos temps modernes. Ainsi commença la réputation de Fléchier. Il s'était chargé de l'éducation de Louis-Urbain Lefèvre de Caumartin, depuis intendant des finances et conseiller d'Etat. La maison de Louis de Caumartin, père de son élève, était fréquentée par tout ce qu'il y avait de plus considérable à la cour et à la ville. Les talents de Fléchier, son amabilité, la douceur de son commerce, la régularité de ses mœurs, lui acquirent de nombreux amis dans cette classe distinguée. Le duc de Montausier, qui ne prodiguait point son amitié, en prit pour lui une très-vive, se déclara son Mécène, et le produisit près du dauphin, dont il était gouverneur, en lui procurant la place de lecteur de ce prince. Les sermons de Fléchier accrurent sa réputation, et ses oraisons funèbres y mirent le comble. Il fut choisi pour faire celle de madame de Montausier, et il y déploya un grand talent, ce qui lui ouvrit les portes de l'Académie française où il fut reçu en 1673, à la place de M. Godeau, évêque de Vence, le même jour que Racine. Il parla le premier et excita de vifs applaudissements. Le grand poëte fut moins heureux que l'orateur; le discours de Racine, à peine entendu, fut jugé défavorablement : tant il y a de chances, même pour le talent le plus éminent.

Celui de Fléchier devait attirer sur lui les faveurs de la cour. Le roi lui donna successivement l'abbaye de Saint-Séverin, diocèse de Poitiers, la charge d'aumônier de madame la dauphine et, en 1685, l'évêché de Lavaur. Louis XIV savait non-seulement faire des faveurs, mais encore assaisonner ses dons d'obligeance. « Je vous ai fait un peu attendre une place que vous méritiez depuis longtemps, lui dit le monarque, mais je ne voulais pas me priver sitôt du plaisir de vous entendre. » Du siége de Lavaur, Fléchier fut transféré à celui de Nîmes en 1687. Lors de cette nomination, quoique ce nouveau siége fût plus riche et plus honorable, il supplia le roi, par une lettre respectueuse et touchante, de vouloir bien le laisser à Lavaur, « pour y achever, disait-il, l'ouvrage qu'il avait commencé, en entretenant et en augmentant les bonnes dispositions où il voyait les nouveaux convertis de son diocèse. » Le roi n'eut point égard à cette prière, il vainquit la répugnance de Fléchier en lui faisant sentir qu'il serait plus utile à l'Eglise et à lui à Nîmes qu'à Lavaur; qu'il y avait dans ce diocèse et plus de travail et plus de bien à faire. En effet, les Calvinistes y étaient très-nombreux, plusieurs avaient fait abjuration, mais leur conversion était équivoque. Fléchier mit tant de prudence dans sa conduite, il tempéra son zèle par tant de charité, qu'il en ramena la plus grande partie au sein de l'Eglise et se fit aimer et estimer des autres. Dans les troubles des Cévennes, il adoucit autant qu'il fut en lui la rigueur des édits. Il se montra si sensible aux maux de ceux qu'on persécutait, qu'il se fit respecter des fanatiques mêmes, et que dans ce pays sa mémoire encore aujourd'hui est en bénédiction parmi les protestants.

Les devoirs de l'épiscopat n'avaient point affaibli en lui l'amour des lettres; il devint le protecteur de l'académie de Nîmes. Il en établit une autre dans son palais, où se formaient sous ses yeux et par ses leçons de jeunes orateurs et des écrivains qui se rendirent ensuite utiles à l'Eglise. La vertu de Fléchier était douce et condescendante, comme l'est toujours la véritable vertu. Si l'on en croit d'Alembert, il tendit une main paternelle à une malheureuse religieuse qui avait commis une faute grave, imitant celui qui avait pardonné à la femme adultère; et il réprimanda sévèrement la supérieure qui l'avait punie avec plus de barbarie encore que de justice. Dans la disette qui suivit l'hiver de 1709, il distribua des sommes immenses, ne faisant aucune distinction entre les protestants et les catholiques. Tous étaient ses enfants, tous eurent part à ses bienfaits à proportion de leurs besoins. Dans certains moments, il soutint l'hôpital de Nîmes par des aumônes considérables et laissa en mourant plus de vingt mille écus aux pauvres. Religieux comme doit l'être un évêque, c'est-à-dire avec un zèle éclairé et dégagé de toute superstition, il écarta de son diocèse les dévotions qui pouvaient être un sujet de dérision pour les protestants, ou compromettre à leurs yeux la majesté et la pureté du culte catholique. Il publia une éloquente lettre pastorale, au sujet de la croix de Saint-Gervais qu'on prétendait être miraculeuse, et prémunit ses ouailles contre les prodiges menteurs par lesquels on a abusé quelquefois de la crédulité du peuple.

Il prévit sa mort prochaine, et craignant que la vanité ou même le respect pour sa mémoire ne lui fît élever un monument trop remarquable, il chargea un sculpteur de lui apporter un dessin modeste pour son tombeau. Après avoir choisi le plus simple entre ceux qu'on lui présentait, il ordonna qu'on l'exécutât. Il survécut peu à cet ordre, et mourut à Montpellier, le 10 février 1710, agé de soixante-dix-huit ans.

FOURNIER (CHARLES, dit *l'Américain*).

Fournier naquit en Auvergne, d'une honorable famille de cultivateurs. C'est sans doute au long séjour qu'il a fait dans le Nouveau-Monde qu'il doit le surnom d'Américain. La vie de cet homme est un exemple des vicissitudes humaines et du danger de prendre part aux révolutions quand on n'a point le génie qui maîtrise les événements, ou le bonheur qui empêche d'en être la victime. Si Fournier ne s'est fait remarquer par aucune de ces actions publiques qui honorent leur auteur, du moins il ne paraît pas constant qu'il soit coupable des traits odieux qui ont fourni aux gouvernements des motifs de persécution, et aux biographes matière à des écrits mensongers ou à d'atroces calomnies.

Fournier fut souvent témoin des plus épouvantables forfaits, mais il ne prit point part, comme on l'en a accusé, aux massacres des prisons de Paris dans les journées de septembre 1792, et ne fut point coupable du guet-apens commis sur le général Lafayette lors de l'insurrection du Champ-de-Mars, le 17 juillet 1791, pendant laquelle le général faillit être atteint d'un coup de pistolet tiré à bout portant. Le 10 août, Fournier commandait le bataillon des Marseillais qui concourut si puissamment à l'attaque du château des Tuileries; mais si l'humanité gémit des meurtres qui furent commis, on ne doit pas oublier qu'à cette époque d'une si grande effervescence populaire, la résistance avait été opiniâtre et devait exaspérer des hommes qui voulaient, les armes à la main, vaincre des rebelles, des ennemis du peuple, mais non les assassiner. Les assassinats de ce jour sont les crimes de quelques individus désavoués de tous les partis.

Pour son malheur, Fournier fut chargé de l'escorte des prisonniers que l'on conduisait d'Orléans à Paris. Près de Versailles, ces infortunés furent misérablement assassinés. L'opinion publique s'indigna justement de ce crime; Léonard Bourdon et Marat le rejetèrent simultanément à la tribune des Jacobins et à celle de la Convention nationale, sur Fournier, chef du détachement qui formait l'escorte. Il voulut prouver qu'il n'avait pas été en son pouvoir de l'empêcher; mais Léonard Bourdon et Marat dominaient l'opinion : Fournier fut arrêté et resta détenu jusqu'au 9 thermidor an 2. Avant et après cette époque, Léonard Bourdon, son éternel ennemi et sur qui pesait, comme représentant en mission, la responsabilité morale de l'assassinat des prisonniers d'Orléans, et ses autres persécuteurs n'avaient point osé le faire mettre en jugement. Après la chute de Robespierre, Fournier recouvra sa liberté; mais toutes les fois que le gouvernement sévissait contre certains hommes de la révolution, il était compris au nombre des proscrits. En vain il avait publié plusieurs mémoires pour se justifier et demander des juges : prisonnier ou citoyen obscur, il ne fut point écouté. La courte durée des gouvernements de parti, de plus grands intérêts sous des gouvernements forts, permettent rarement de descendre à des actes de justice envers de simples particuliers, et Fournier resta toujours sous le poids d'une fatale prévention.

A l'époque de l'explosion de la machine infernale, attribuée d'abord au parti des Jacobins, puis au parti contre-révolutionnaire, Fournier, considéré comme un des plus attachés au premier, fut compris au nombre des cent soixante-treize députés qui, sans aucun jugement et par une de ces mesures de haute politique dont on a tant abusé, furent jetés sur les côtes des îles Séchelles. Ses compagnons d'infortune y périrent. Accoutumé au climat dévorant des Antilles, il survécut seul au désastre commun et parvint, aidé des secours d'une créole, qui pendant sa longue carrière ne l'a jamais quitté, à se rendre à la Guadeloupe, où Victor Hugues, son ancien ami, commandait pour l'empereur et faisait une guerre vigoureuse aux Anglais.

Fournier fut employé sur les corsaires du commandant impérial, et y donna de nombreuses preuves de courage. La colonie, réduite à ses seules forces, ayant passé sous la domination de l'Angleterre en 1808, Fournier revint en France avec le grade d'officier supérieur. Arrêté en 1815 par mesure de sûreté générale, il demanda encore des juges; il fut remis en liberté. Accablé d'années, de blessures et d'infirmités, il vécut depuis dans un état voisin de l'indigence.

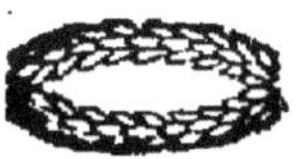

GILBERT (Nicolas-Joseph-Laurent).

Gilbert naquit à Fontenay, dans la Lorraine, de parents fort pauvres qui épuisèrent toutes leurs ressources pour lui donner de l'éducation. Encore enfant, il s'était déjà fait remarquer par *son début poétique* dans sa province. Se voyant à charge à ses parents, il se rendit à Paris. Il chercha d'abord à se faire des protecteurs, et distribua des louanges à plusieurs personnes considérables; mais n'ayant pas trouvé auprès d'elles assez d'accès et de secours, il se sentit humilié, et de là contracta cette humeur chagrine et misanthropique qui lui fit embrasser le genre de la satire. Le mauvais succès de quelques pièces de vers qu'il avait envoyées au concours de l'Académie fortifia en lui cette disposition. Il s'attacha au parti qui combattait les philosophes, et fit contre eux sa satire du *Dix-huitième siècle*, adressée à Fréron. Elle fut suivie d'une seconde, intitulée *Mon apologie*. Il y a dans toutes deux des vers et même des morceaux admirablement frappés; mais il y a aussi du décousu dans les idées, et le style en est un peu négligé. Le jeune poëte composait difficilement. Le seul de ses ouvrages qui ne le témoigne point est une ode qu'il fit avant sa mort à l'Hôtel-Dieu. Il n'y a rien de plus touchant que les trois strophes qui la terminent.

Au banquet de la vie infortuné convive,
J'apparus un jour et je meurs;
Je meurs, et sur la tombe où lentement j'arrive,
Nul ne viendra verser des pleurs!!!

Salut, champs que j'aimais, et vous, douce verdure,
Et vous, riant exil des bois;
Ciel, pavillon de l'homme, admirable nature,
Salut pour la dernière fois.

Ah! puissent longtemps voir votre beauté sacrée
Tant d'amis sourds à mes adieux!
Qu'ils meurent pleins de jours, que leur mort soit pleurée,
Qu'un ami leur ferme les yeux!

On ne sent pas cette facilité dans les autres odes de Gilbert, mais on y remarque des traits énergiques et de belles expressions.

Cet infortuné, que ses lâches protecteurs ne tiraient pas de la misère, tomba dans la démence et fut conduit à l'Hôtel-Dieu. Dans un de ses accès il avala la clef d'une cassette, et mourut le 12 novembre 1780, à peine âgé de vingt-neuf ans. On doit regretter qu'il ait fait de son talent un usage si fatal à son repos, et surtout qu'il n'ait pas assez vécu pour abjurer ses injustices, et effacer par des ouvages vraiment estimables la célébrité qu'il s'est acquise par ses satires. Disons-le cependant, ses satires, dirigées non pas seulement contre des écrivains subalternes, mais contre les coryphées des encyclopédistes, ont la gloire d'avoir attaqué les sophismes de l'époque.

Il ne tint pas aux ennemis qu'elles lui avaient faits qu'il ne passât pour un poëte médiocre; cependant, malgré leurs déclamations, l'énergique vérité de ses vers a surmonté la critique, et a fait de ce poëte vigoureux et plein de verve, le Juvénal du XVIIIe siècle. Porté de bonne heure à combattre les systèmes des philosophes par un zèle que les circonstances ne firent que développer, il dut sans doute à cette disposition de voir dans les sociétés académiques préférer des pièces inférieures aux siennes, à son *Eloge de Léopold, duc de Lorraine*, au *Génie aux prises avec la Fortune;* mais son attachement aux principes de la morale et de la religion lui valurent la protection de M. de Beaumont, archevêque de Paris, et ce fut moins l'effet de la misère que celui de l'opération du trépan, occasionnée par une chute de cheval, qui produisit l'aliénation mentale dont les suites furent si funestes à ce courageux et infortuné poëte.

GOURVILLE (JEAN-HÉRAULD, sieur DE).

La mère de Gourville habitait La Rochefoucauld. Elle resta veuve de bonne heure, dans un état de gêne voisin de la misère. Elle fit apprendre à écrire à son fils encore jeune, et l'envoya chez un procureur d'Angoulême, où il prit quelque idée des affaires.

L'illustre La Rochefoucauld, auteur des *Maximes*, fut

frappé de l'intelligence de ce jeune homme, le prit pour son secrétaire, et l'emmena avec lui en Flandre. Pendant la guerre de la Vendée, Gourville fut très-utile au duc de La Rochefoucauld et au prince de Condé, dont il avait embrassé les intérêts avec un dévouement qui lui fit courir de grands dangers. On apprend par ses *Mémoires* que tous les moyens lui étaient bons pour procurer de l'argent au prince. Une fois il vola celui d'une recette; et dans une autre occasion, il rançonna un directeur des postes. Ces sortes de violences ne sont que trop communes dans les troubles civils; mais du reste il eut soin plus tard de réparer les dommages qu'il avait causés.

Lorsque le duc de La Rochefoucauld, fatigué d'une vie pleine d'agitations, songea à se réconcilier avec la cour, Gourville fut chargé de négocier son raccommodement; et il montra dans cette affaire délicate tant de prudence et d'habileté, que le cardinal Mazarin jugea que personne ne serait plus propre à déterminer le prince de Conti, maître de Bordeaux, à demander une paix qu'on n'osait pas lui offrir. Le succès de cette nouvelle négociation fit beaucoup d'honneur à Gourville.

Nommé peu de temps après intendant des vivres à l'armée de Catalogne, il revint à Paris à la fin de la campagne de 1655; mais le cardinal, craignant qu'il n'y eût été envoyé par le prince de Conti pour renouer quelques intrigues, le fit mettre à la Bastille. Il en sortit au bout de six mois, et détruisit si bien les préventions qu'on avait données contre lui au cardinal, que le ministre s'employa près du surintendant Fouquet, pour lui faire obtenir la recette générale des tailles en Guienne. Elle lui valut des bénéfices énormes ; et comme il fit en même temps des gains immenses au jeu, il se trouva maître en quelques années d'une fortune de plus de 1,500,000 francs.

La disgrâce de Fouquet entraîna celle de tous les traitants (c'est ainsi qu'on nommait les gens de finance) : mais Gourville, moins occupé de lui-même que de son bienfaiteur, s'empressa de porter à madame Fouquet 100,000 francs, « pour gagner quelques juges, si on pouvait y parvenir. » Et dans la suite, il y joignit le don d'une somme beaucoup plus considérable, pour aider à l'établissement du fils de cette dame, le comte Devaux. Cependant les amis de Gourville lui ayant fait apercevoir qu'il n'était plus en sûreté à Paris, il mit quelque ordre dans ses affaires; puis il s'enfuit secrètement en Hollande, et passa ensuite en Angleterre, où il fut très-bien accueilli par Saint-Evremont, Hamilton, Buckingham et d'autres seigneurs qu'il avait connus à la cour de France. Tout le monde sait, dit Voltaire, que Gourville ayant confié une partie de son bien à mademoiselle de Lenclos, et une autre à un homme qui passait pour très-dévot, le dévot garda le dépôt pour lui, et celle qu'on regardait comme peu scrupuleuse le rendit fidèlement sans y avoir touché.

Après un séjour de six semaines à Londres, Gourville revint à Bruxelles, y loua un bel hôtel, et donna des fêtes qui attirèrent les personnages les plus distingués. Il se rendit à Bréda en 1666, pendant la tenue du congrès, et profita de son crédit sur l'esprit des princes de Brunswick et de Hanovre pour les déterminer à se prononcer en faveur de la France. Le roi, qui en fut informé, autorisa son ministre à accréditer Gourville auprès du duc de Brunswick, dans le même temps que Colbert le faisait condamner comme concussionnaire. « Ainsi, dit-il, voilà mon procès fait et parfait à Paris, et je me trouve plénipotentiaire du roi en Allemagne. » Il justifia pleinement la confiance dont on l'avait honoré, et pour toute récompense il demanda son rappel.

Le roi n'ayant rien voulu décider à cet égard, Gourville revint secrètement à Paris en 1668, et, par l'entremise du prince de Condé, obtint une audience de Colbert, qui le reçut froidement et fixa sa grâce à 800,000 fr., qu'il réduisit ensuite à 600,000; vainement protesta-t-il qu'il ne possédait pas cette somme, le ministre fut inflexible; et Gourville, nommé intendant du prince de Condé, se rendit à Madrid pour réclamer les sommes dues à ce prince. Il réussit dans cette affaire aussi bien que les circonstances pouvaient le permettre. A son retour, s'étant fait rendre compte de l'état des dettes du prince, il en paya une partie avec l'argent qu'il rapportait, et prit des termes pour le reste; de manière que le prince, débarrassé de ses créanciers, put continuer les embellissements qu'il projetait à Chantilly, et rien ne pouvait lui être plus agréable. Le voyage de Gourville en Espagne n'avait pas été non plus inutile à la France; en partant, il avait reçu des instructions de Lyonne, et les avait suivies si exactement, que le ministre avoua lui devoir la connaissance la plus parfaite de ce royaume.

En 1681, Louis XIV renvoya Gourville en Allemagne avec la commission de rompre l'assemblée des princes à Hunnelink. Ce ne fut qu'à son retour qu'il obtint enfin des lettres de grâce; l'enregistrement ne s'en fit pas sans de grandes difficultés, mais la bonté du roi l'emporta.

Gourville passa les dernières années de sa vie dans une situation tranquille, au milieu d'amis dont il faisait les délices, et parmi lesquels on comptait Boileau, Tilleragues, mesdames de Sévigné, de Thionges et de Coulanges. Madame de Sévigné a peint à sa manière, d'un seul trait, et avec une délicatesse parfaite, l'attachement de Gourville pour le duc de La Rochefoucauld : « Jamais homme, dit-elle, n'a été si bien pleuré; Gourville a couronné tous ses fidèles services dans cette occasion ; il est estimable et adorable, par ce côté de son cœur, au delà de ce que j'ai jamais vu; il faut m'en croire. »

Retenu dans sa chambre par une douleur à la jambe, il forma le projet de rédiger ses mémoires, et l'exécuta en quatre mois et demi. Il donna, en les terminant, des détails sur sa vie intérieure, qui le font bien connaître, et qui mettent à même d'apprécier sa philosophie douce et joyeuse : « Au commencement de chaque année, dit-il, je souhaite pouvoir manger des fraises ; quand elles sont passées, j'aspire aux pêches, et cela durera autant qu'il plaira à Dieu. »

Il mourut à Paris en 1703, à l'âge de soixante-dix-huit ans. Il avait fondé à La Rochefoucauld un hospice pour les malades; et par son testament il légua des sommes considérables aux pauvres de cet endroit, où il était né le 11 juillet 1635.

« Les mémoires de Gourville, dit madame de Sévigné, sont charmants; ils sont écrits non pas avec la dernière politesse, mais avec un naturel admirable. Vous y voyez Gourville pendu en effigie et gouverner le monde; les caractères de tous les ministres y sont merveilleux. Gourville parle de sa naissance avec une sincérité parfaite; et son neveu n'est pas assez grand homme pour soutenir une chose aussi estimable à mon gré. »

SIXTE-QUINT (Félix-Peretti).

L'opinion la plus généralement reçue sur l'origine de Sixte-Quint le fait naître dans un village du duché d'Urbain, le 13 décembre 1521. A l'âge de neuf ans, Félix Peretti fut donné par son père, pauvre vigneron, à un habitant du village pour garder ses pourceaux. Dans cet état, ayant aperçu un Cordelier qui était en peine du chemin qu'il devait prendre pour aller à Ascoli, il le suivit jusqu'au couvent. Les religieux, ayant reconnu en lui de grandes dispositions, le retinrent auprès d'eux et se chargèrent de son éducation. Il fit de grands progrès dans ses études et prit ensuite l'habit de l'ordre. Le frère Félix devint en peu de temps bon grammairien et habile philosophe. Il fut fait prêtre en 1545 et élevé au grade de bachelier, après quoi il prit le nom de Montalte. Il mérita la faveur de ses supérieurs par ses talents, et s'attira l'aversion de ses confrères par son caractère inquiet et pétulant, qui leur fournit bien des occasions de donner un libre cours à leur jalousie naturelle. Félix n'en poursuivit pas moins rapidement sa carrière. Il fut successivement professeur de théologie à Sienne, prédicateur renommé dans les principales chaires d'Italie, commissaire général de son ordre à Bologne et inquisiteur à Venise. Il développa dans toutes ces places des talents qui lui frayèrent le chemin à de plus hautes dignités. A Venise il se brouilla avec le sénat et les religieux de son ordre; il fut obligé de s'enfuir de cette ville. Comme on le raillait sur son évasion précipitée, il répondit qu'ayant fait vœu d'être pape à Rome, il n'avait pas cru devoir se faire pendre à Venise.

A peine fut-il arrivé à Rome, qu'il devint l'un des consulteurs de la congrégation, puis procureur général de son ordre. Le cardinal Buoncompagno le choisit pour l'accompagner en Espagne en qualité de théologien. C'est alors qu'il changea son humeur sévère, et il devint si complaisant, que tous ceux qui le voyaient étaient charmés de la beauté de son esprit et de la douceur de son caractère. L'exaltation de Pie V, son ancien condisciple et son protecteur, l'appela à de nouveaux honneurs. Ce pape le fit élire général des Cordeliers, le choisit pour son confesseur, lui donna l'évêché de Sainte-Agathe et le revêtit de la pourpre romaine. Buoncompagno ayant succédé à Pie V, sous le nom de Grégoire, n'accorda pas la même faveur au cardinal de Montalte; loin de là, il ne lui donna aucune part au gouvernement; cependant celui-ci forma le projet de le remplacer. Dans cette vue il renonça volontairement à toutes sortes de brigues et d'affaires, se plaignit des infirmités de sa jeunesse, et vécut dans la retraite comme s'il n'eût travaillé qu'à son salut.

Grégoire XIII étant mort, les cardinaux se divisèrent en cinq factions. Montalte se faisait alors plus vieux qu'il n'était, ne paraissait que la tête penchée sur l'épaule, appuyé sur un bâton, comme s'il n'eût pas eu la force de se soutenir, et ne parlait plus qu'avec une voix interrompue d'une toux qui semblait à tout moment le menacer de sa fin dernière. Quand on lui dit que l'élection pourrait bien le regarder, il répondit qu'il était indigne d'un si grand honneur; qu'il n'avait pas assez d'esprit pour se charger seul du gouvernement de l'Eglise; que sa vie devait moins durer que le conclave, et il parut être résolu, si on l'élisait, de ne tenir que le nom de pape et d'en laisser l'autorité.

Il n'en fallut pas davantage pour déterminer les cardinaux à l'élire, le 24 avril 1585. A peine fut-il élu, qu'étant sorti de sa place, il jeta le bâton sur lequel il s'appuyait, leva la tête droite et entonna le *Te Deum* d'une voix si forte, que les vitraux de la chapelle firent entendre un léger frémissement. Il prit le nom de Sixte V, en mémoire de Sixte IV qui comme lui avait été Cordelier. On ne vit jamais un homme ni plus exact ni plus appliqué que lui à remplir ses devoirs. La sévérité avec laquelle il fit rendre la justice apporta la sûreté dans Rome et dans l'Etat ecclésiastique. Il n'épargna ni les juges que les prières, les brigues ou l'argent avaient corrompus, ni ceux qui, en faveur de leurs amis ou de leurs parents, étaient convaincus d'avoir commis quelques injustices. On peut lui reprocher sa partialité pour la Ligue; mais un pape pouvait-il ne pasfavoriser une ligue faite en apparence pour le bien de la religion?

Sixte V ne s'est pas rendu moins célèbre par sa magnificence que par son habileté dans l'administration politique. Il fit des dépenses énormes pour l'ornement de la ville de Rome et de toutes celles de l'Etat ecclésiastique. Il fit tirer de terre le prodigieux obélisque de 72 pieds de haut, et le fit élever sur la place du Vatican, où il dressa la bibliothèque qui est un de ses chefs-d'œuvre. Il fit bâtir dans l'église de Sainte-Marie-Majeure une chapelle revêtue de marbre blanc, enrichie de festons et de feuillage; et voyant que le mont Quirinal avait besoin d'eau il y fit jaillir une source vive et abondante au moyen d'un aqueduc qui lui coûta près d'un million. A côté de la galerie qu'il fit faire sur le portail de l'église de Saint-Jean-de-Latran, il fit bâtir un superbe palais dont la face qui regarde l'obélisque est large de 340 pieds.

Son extrême sévérité contraste avec la clémence que lui

imposait son caractère de souverain pontife. Cependant on ne l'a jamais accusé d'avoir puni quelqu'un injustement. A la nouvelle de quelque assassinat, Grégoire XIII se contentait de lever les mains au ciel en gémissant. Sixte V, bien différent, disait : « On pourra m'appeler féroce et sanguinaire, mais j'ai lu dans l'Ecriture que le meilleur sacrifice que l'on puisse faire à Dieu, c'est de punir le crime et de foudroyer les scélérats. »

Ce discours était toujours suivi d'une justice prompte et éclatante; cependant des historiens soutiennent qu'il y a eu sous son règne moins d'exécutions qu'il n'y avait auparavant de meurtres dans un mois. C'est au moyen de cette sévérité que la licence en tout genre fut réprimée et que disparut une race d'assassins et de voleurs qui formaient une association organisée, avec laquelle on traitait selon certaines conventions pour faire assassiner, mutiler un ennemi, ravager les campagnes, déshonorer les femmes; et après avoir commis toutes sortes d'horreurs, on trouvait, dans le palais des cardinaux ou des princes, un asile qui mettait les coupables à l'abri de la justice. Le comte Pepoli fut exécuté à Bologne pour avoir donné retraite à des bandits.

Sixte V ne supprima point les divertissements du carnaval, temps où se commettaient les plus grands désordres; mais on vit s'élever dans tous les quartiers de la ville des poternes destinées à la prompte punition de ceux qui se livraient au crime. Ainsi l'on put marcher dans Rome en toute sécurité. l'innocence n'eut plus rien à redouter de l'impudence, l'adultère fut proscrit; les lois reprirent leur vigueur; l'agriculture, affranchie des brigands qui infestaient les campagnes, devint florissante; le commerce débarrassé de ses entraves, les arts, les manufactures et tous les genres d'industrie furent encouragés; et l'Italie goûta les douceurs de la paix et de l'abondance, tandis que les autres contrées de l'Europe étaient agitées par des troubles et livrées à la détresse.

Quoique Sixte V fût d'une complexion robuste, le travail excessif que demandaient ses fonctions ruina insensiblement sa santé. Il y succomba le 17 août 1590, après avoir gouverné l'Eglise pendant cinq ans et quelques mois.

Malgré les embellissements de leur ville, les Romains, qui gémissaient sous le poids des impositions, le détestaient. Pendant toute la durée de son pontificat il fit des dépenses énormes, cependant il laissa dans le château Saint-Ange plus de cinq millions d'or qu'il destinait aux nécessités pressantes de l'Eglise.

SICARD (Roch-Ambroise Cucurrobe).

Le célèbre successeur de l'abbé de l'Epée, le vénérable Sicard, naquit dans un village près de Toulouse appelé Fousseret. Après avoir fait ses études, il embrassa l'état ecclésiastique. L'archevêque de Bordeaux, qui connaissait les heureuses dispositions de son esprit éminemment observateur, crut trouver en lui un utile collaborateur pour l'exécution d'une œuvre philanthropique qu'il méditait.

Voulant établir une école de sourds-muets, il envoya l'abbé Sicard à Paris pour apprendre la méthode de l'abbé de l'Epée. De retour à Bordeaux en 1786, Sicard prit la direction de l'école qui venait d'être fondée. Ses soins et ses talents furent couronnés d'un plein succès, ce qui lui valut le titre de vicaire général de Condom, avec celui de chanoine de Bordeaux. Il devint en peu d'années l'associé d'une foule de sociétés littéraires et scientifiques, de Musées, d'Académies de Bordeaux, de Paris, de Toulouse, de Caen, de Bayeux, etc., dont il aimait à prendre les titres ; au reste, son zèle comme instituteur ne se ralentit pas, il acquit une grande réputation, et à la mort de l'abbé de l'Epée, l'opinion publique l'appela à lui succéder. Louis XVI le nomma directeur de l'école de Paris, en 1790.

Sicard justifia la confiance du monarque, il surpassa même les espérances qu'on avait conçues de lui, en développant la méthode de son maître par des procédés ingénieux et profonds. L'Assemblée nationale, qui avait privé cet établissement d'un revenu de 6,000 francs, reconnut sa méprise, et décréta une dotation de 12,700 francs à cet établissement. L'abbé Sicard, qui, quand il s'agissait de ses élèves qu'il appelait ses *enfants*, avait une âme tout expansive, crut devoir se présenter à la barre de l'assemblée pour prononcer un discours de remercîment. En 1791 on n'exigea pas de lui le serment à la constitution civile du clergé ; cependant il prêta celui de liberté et d'égalité auquel il ajouta un don particulier de 200 francs. Néanmoins il fut arrêté le 26 août, conduit au comité de sa section, et déposé à la mairie, où il resta jusqu'au 2 septembre. Ses élèves adressèrent à l'Assemblée une pétition dont l'éloquence naïve et touchante prouve les étonnants progrès que cet habile instituteur avait fait faire à l'intelligence de ces infortunés. Cette pétition, présentée à la barre par Massieu, le plus habile des sourds-muets, fut lue par un des secrétaires, couverte d'applaudissements, et suivie d'un décret qui ordonna au ministre de l'intérieur de rendre compte des motifs de l'arrestation ; mais la commune de Paris, qui était l'auteur de cette mesure inique, passa à l'ordre du jour, et le 2 septembre Sicard fut transféré à l'Abbaye, ce qui équivalait à un arrêt de mort. Lui-même nous a laissé une narration un peu confuse des périls qu'il courut alors et les deux jours suivants. Il aurait infailliblement péri, sans le noble dévouement de l'horloger Monnot qui le sauva. Déjà la pique des égorgeurs était levée sur lui, lorsque ce généreux citoyen, se précipitant entre les assassins et leur victime : « C'est l'abbé Sicard, dit-il, un des hommes les plus utiles à la patrie : pour aller jusqu'à lui vous passerez sur mon corps. » Sicard prend lui-même la parole et dit à la populace : « J'instruis les sourds-muets, et comme ces infortunés se trouvent plus chez les pauvres que chez les riches, je suis plus à vous qu'aux riches. » Ce discours produisit un effet électrique : les égorgeurs prennent Sicard dans leurs bras, l'embrassent, et lui proposent de le conduire en triomphe chez lui. Mais un scrupule de justice lui fit penser qu'ayant été emprisonné par ordre d'une autorité constituée, il devait être rendu à la liberté par un jugement légal d'une autorité constituée : il passa encore deux jours et deux nuits à l'Abbaye, où il faillit plusieurs fois être assassiné.

L'Assemblée nationale, à laquelle il fit connaître sa situation et le dévouement de Monnot par une lettre écrite au président, rendit un décret qui déclara que ce brave homme avait bien mérité de la patrie ; mais la commune passa encore à l'ordre du jour. Enfin, le 4 septembre, l'infortuné prisonnier, qui savait devoir être égorgé le soir, trouva le moyen d'écrire à trois de ses amis qu'il avait dans l'Assemblée. Ceux-ci dressent un décret qui ordonne à la commune de rendre à la liberté l'instituteur des sourds-muets. Ce tribunal de sang obéit enfin, et au moment où le sicaire Chabot harangue le peuple en faveur de Sicard, l'officier municipal Guiraut vient le tirer de sa prison.

Aussitôt Sicard se rend à l'Assemblée avec Monnot, son défenseur, pour la remercier de ce qu'elle a su réparer l'injustice de l'exaltation populaire. Les honneurs de la séance lui furent accordés, et sur la proposition de Chabot, il fut rendu sur-le-champ à ses élèves. Uniquement occupé d'eux pendant la terreur, il n'eut pas à souffrir d'autres persécutions.

Lorsque, après la chute de Robespierre, la Convention s'occupa de projets utiles et moins violents, elle créa l'École normale et désigna Sicard au nombre des instituteurs pour la grammaire. Sicard était en même temps professeur au Lycée national. Il avait été nommé membre de l'Institut lors de sa création pour la troisième classe, section de grammaire.

Profitant de la liberté dont la presse jouissait à cette époque, il entreprit avec Jauffret, depuis évêque de Metz, la rédaction des *Annales religieuses, politiques et littéraires*, écrites selon les principes de la foi catholique, et dans lesquelles les prêtres assermentés étaient vivement censurés.

Le 18 fructidor vint arracher Sicard à ses travaux. Il fut compris, comme rédacteur des *Annales religieuses*, au nombre des journalistes déportés à Sinnamari. De toutes les proscriptions de cette époque, aucune n'excita de plus vives réclamations; mais si l'indignation publique ne put faire rayer Sicard de la fatale liste, au moins contribua-t-elle à ce qu'il ne fût pas inquiété dans l'asile obscur qu'il s'était choisi dans le faubourg Saint-Marceau. Le regret d'être séparé de ses chers élèves le porta à publier, dans un journal révolutionnaire, une protestation de son attachement à la république, et un désaveu de sa coopération à la rédaction des *Annales religieuses*. Sa démarche et les réclamations réitérées des sourds-muets restèrent sans effet. Sicard dut se cacher jusqu'au 18 brumaire. Cette époque le ramena dans son établissement, qui reçut de grandes améliorations. On y forma une imprimerie desservie par les sourds-muets, et qui fut employée à la publication de la plupart des ouvrages de Sicard. Dès lors il se livra tout entier au soin d'ajouter de nouveaux perfectionnements à la méthode que lui avait transmise son illustre prédécesseur. Les exercices publics qu'il donnait tous les mois contribuèrent à étendre sa réputation. Ces sortes de représentations étaient pour lui un triomphe. Il y faisait paraître successivement ses disciples favoris. Là, placé sur une estrade élevée, où des inscriptions reproduisaient les merveilles de la science, il s'abandonnait à l'enthousiasme pour sa méthode, et parlait de ses découvertes avec une naïve effusion. Tous les journaux s'empressaient de rendre le compte le plus flatteur de ces séances. Son nom n'était pas moins célèbre dans les autres Etats qu'en France, et ses exercices étaient l'une des premières choses que les étrangers voulaient voir en arrivant à Paris. En 1805, le pape Pie VII visita l'établissement, dont il bénit la chapelle. Sicard, après avoir exercé ses élèves en présence du pontife, lui fit hommage d'un livre de prières qu'il avait composé à l'usage des sourds-muets, et imprimé par eux-mêmes.

Il avait été rappelé à l'Institut, par élection, à la place du grammairien de Wailly, dont il prononça l'éloge. Il fut, un peu plus tard, nommé de la première Société patriotique d'Espagne, puis, en 1804, membre de l'administration des hospices.

Sa vieillesse, qui semblait devoir être si paisible, fut troublée par les plus fâcheux embarras que lui occasionnèrent l'excessive facilité de son caractère et son ignorance des affaires. Il avait souscrit des billets par complaisance, et fut poursuivi pour des dettes qu'il n'avait pas contractées. Napoléon, à qui il s'adressa, ne lui donna, dit-on, qu'une réponse sèche et mortifiante; ce qui est diffi croire. Mais il est certain que les arrangements que Sicard fut forcé de prendre envers ses créanciers le réduisirent presque à la misère. Il se dépouilla des revenus de ses places, vendit sa voiture et son mobilier, et ne se réserva qu'une modique pension. Avec ces sacrifices, il parvint à se libérer au bout de quelques années; mais de nouvelles imprudences le condamnèrent encore sur la fin de ses jours à de nouvelles privations. Sobre, économe pour lui-même, il les supporta avec patience; car toujours sa vie privée a été celle d'un homme honnête et vertueux. Bonaparte lui témoigna de l'éloignement, quoique Sicard saisît volontiers l'occasion de lui donner des éloges fastueux. Sa nomination au canonicat de Notre-Dame ne fut point ratifiée.

Sous la restauration, il fut nommé successivement membre de la Légion-d'Honneur, administrateur de l'hospice des Quinze-Vingts, administrateur de l'hospice des Jeunes-Aveugles, enfin chevalier de l'ordre de Saint-Michel. Les souverains étrangers qui vinrent à Paris en 1814 et 1815 s'empressèrent de visiter son établissement, et de rendre hommage au zèle, aux talents de cet illustre instituteur. L'empereur Alexandre lui conféra l'ordre de Sainte-Anne de Russie, et la reine de Suède lui envoya l'ordre de Wasa. En 1817, il fit un voyage en Angleterre, où il reçut l'accueil le plus flatteur. La Société académique des sciences de Paris, dont il était membre, le choisit plusieurs fois pour son vice-président. Enfin, il jouissait d'une belle vieillesse, fruit d'une vie régulière et active, lorsqu'il mourut, le 10 mai 1822, dans sa quatre-vingtième année.

SILVESTRE.

Avant son élévation au pontificat, Silvestre portait le nom de Gerbert. Né en Auvergne, d'une basse condition, il reçut cependant une savante éducation dans un monastère d'Aurillac. Sa réputation de savant parvint jusqu'en Allemagne, et l'empereur Othon III lui donna l'abbaye de Bobio : ce choix eut l'approbation universelle. Après la mort de l'empereur Othon III, Gerbert revint en France, où il fut chargé de l'éducation de Robert, fils de Hugues Capet. Arnoul, archevêque de Reims, fils naturel du roi Lothaire, après avoir été comblé des bienfaits du roi Hugues, le trahit en se jetant dans le parti de Charles de Lorraine, fut déposé dans un concile tenu à Saint-Basile, près Reims, après avoir avoué sa félonie, et Gerbert fut élu à sa place. Le pape Jean XV désapprouva cette déposition et força Hugues à tenir un autre concile pour examiner de nouveau cette affaire, qui ne finit que sous le règne suivant. Quoi qu'il en soit, Gerbert se prononça avec beaucoup de chaleur contre la décision de Jean XV. Il s'éleva contre la puissance que s'attribuait le pontife romain. Il dit que le jugement des évêques est le jugementdeDieu, et que l'évêque de Rome, qui, étant averti, ne s'y soumet pas, est un païen et un publiçain. Tout cela n'empêcha point Arnoul d'être rétabli dans son siége sans Robert ; mais Gerbert, dépouillé à son tour de son archevêché, s'était réfugié auprès de l'empereur, qui lui avait donné le siége de Ravennes.

Après la mort de Grégoire V, il le fit élever au saint-Siége. Silvestre II déploya des talents, des lumières et des vertus qui étaient rares dans ce siècle d'ignorance et de barbarie. Pendant les quatre ans et quelques mois que dura son pontificat, il régla toutes les affaires avec beaucoup de sagesse. Il mourut le 12 mai 1003, très-avancé en âge.

On lui a reproché une extrême sévérité, et ce reproche n'est pas tout à fait injuste, si l'on se rappelle la violence de ses expressions contre Jean XV. Le temps l'avai adouci sans doute.

Le président Hénault dit que l'on attribue à Gerbert l'introduction des chiffres arabes ou indiens, qu'il avait pu tenir des Sarrasins lors d'un voyage qu'il fit en Espagne. D'autres en font honneur à Léonard de Pise. Cependant ces chiffres, sous une forme un peu différente, étaient connus chez les Romains. Boèce s'en servait dans le ve siècle, trois cents ans avant l'arrivée des Arabes en Espagne. Sans doute que l'usage s'en étant conservé dans l'Orient, l'Europe les oublia jusqu'à la renaissance des lettres, ou les retrouva chez les Arabes, auxquels nous en attribuons l'invention.

fut aussi Gerbert qui entreprit la première horloge

où l'on substitua le pendule au balancier. Sa grande science le faisait passer pour magicien. Le moine Hugues l'appelle Gerbert le philosophe. On a de lui cent quarante-neuf épîtres, un discours contre la simonie, quelques opuscules de mathématiques, etc.

On ouvrit son tombeau en 1648, dans la basilique de Latran. Il était revêtu de tous ses ornements pontificaux et parfaitement bien conservé ; mais quand on voulut y toucher, tout tomba en poussière.

SUGER.

Suger, abbé de Saint-Denis, naquit en 1082, ou en 1087 comme le prétendent d'autres biographes. On ignore le lieu de sa naissance; quelques auteurs le font naître à Saint-Denis, d'autres dans la Touraine. Ce qu'il y a de certain, c'est qu'il appartenait à des parents réduits à la dernière misère, et que ce fut par pitié qu'il fut reçu, encore enfant, dans l'abbaye de Saint-Denis, où était élevé Louis VI Pour expliquer l'amitié qui exista entre Suger et le roi de France, on a prétendu qu'elle commença dans les délassements que le prince avait coutume de prendre avec le novice.

Quoi qu'il en soit, il est hors de doute aujourd'hui que Suger dut le bonheur d'être connu de son roi aux conversations savantes qui lui avaient déjà fait une petite réputation dans le monastère. Le prince l'appela auprès de lui dès qu'il fut monté sur le trône, et il en fit son conseil et son guide. Une mémoire prodigieuse, une élocution brillante, une étonnante activité, une immense érudition, furent les qualités qui lui donnèrent sur les ecclésiastiques et les grands de l'Etat une supériorité d'autant moins contestée, qu'il sembla se faire une loi d'être plus modeste à mesure qu'il aurait plus de grandeur et de puissance. En effet, ayant été nommé abbé de Saint-Denis en 1122, il eut les équipages et le luxe d'un grand seigneur. Saint

Bernard, qui prêchait une réforme dans les mœurs du clergé, lui fit entendre que l'abbé de Saint-Denis devait donner le premier l'exemple de la simplicité. Suger se hâta d'accéder à la demande du saint prédicateur, et se souvint enfin qu'il était né dans les rangs de ce pauvre peuple qui manque souvent de pain.

Chargé par le monarque d'administrer la justice et de perfectionner les lois, il aida par la sagesse de ses moyens au mouvement qui préparait l'affranchissement des villes, soit qu'il prévît les avantages que la royauté tirerait de l'établissement des communes, soit que la religion et l'humanité le décidassent seules à relâcher les lois de la servitude.

Il reçut les derniers soupirs de Louis, qu'il couvrit de ses larmes. *Mon cher ami* lui dit Louis, *pourquoi pleurer quand la miséricorde de Dieu m'appelle au ciel.* Suger vit augmenter son crédit sous son successeur. Louis VII eut la sagesse de conserver ce ministre. Au commencement de ce règne, Eugène III avait ordonné à saint Bernard de prêcher une seconde croisade pour délivrer le saint tombeau de Jésus-Christ et secourir les princes chrétiens qui étaient dans la Palestine. Suger, qui prévoyait tous les malheurs de cette aventureuse expédition et qui pensait avec raison que la divine Providence saurait bien, quand elle voudrait, renverser les ennemis du Christ, s'opposa vivement à cette émigration. Il écrivit au pape pour empêcher que quatre-vingt mille Français quittassent la France; mais le roi et les seigneurs, emportés par le zèle et l'esprit d'aventures, n'écoutèrent pas les conseils de la raison. Suger accepta la régence, que l'ardeur pour les voyages d'outre-mer aurait empêché d'être occupée par les seigneurs. Ces derniers se seraient trouvés humiliés de rester dans la patrie, tandis que leurs pères s'élançaient à la conquête des lieux saints.

Pendant l'absence de Louis VII, Suger gouverna avec l'intégrité d'un homme qui n'avait pas désiré cet honneur. Le bon ordre qu'il mit dans les finances rendit moins désastreux les revers que les Français éprouvèrent dans leur pèlerinage, et lorsque enfin les désastres de la croisade eurent forcé le roi de France à retourner dans ses Etats, Suger reçut publiquement des éloges pour son zèle et la sagesse de son administration, et la reconnaissance universelle lui décerna le titre glorieux de *Père de la patrie*.

Ce ministre avait alors un grand avantage, il était le seul homme en Europe qui se fût opposé à la croisade.

De toutes parts on vantait sa prévoyance, et toutes les plaintes s'adressaient à saint Bernard. L'abbé de Saint-Denis continua de gouverner avec la même sagesse et le même succès ; mais bientôt de nouveaux désastres dans la Terre-Sainte vinrent ranimer le zèle des chrétiens de l'Occident, et on vit, chose singulière, Suger, qui s'était opposé à ces guerres lointaines, prendre la résolution de secourir Jérusalem et exciter à Chartres tous les princes à prendre la croix. Comme on ne répondit à ses discours que par le silence de la douleur, il forma le projet de faire lui seul ce que n'avaient pu faire des rois. Il résolut, à l'âge de soixante-dix ans, de lever une armée, de l'entretenir à ses frais et de la conduire en Palestine.

Déjà plus de dix mille pèlerins se disposaient à le suivre en Asie, lorsque la mort vint arrêter l'exécution de ses desseins. Saint Bernard l'assista à son dernier moment.

Dans un temps où l'on ne songeait qu'à défendre et augmenter les priviléges de l'Eglise, Suger osa défendre ceux du peuple et de la royauté.

S'il faut en croire ses contemporains, il vivait à la cour en sage courtisan et au cloître en saint religieux. « S'il y » a dans l'église de France, écrivait saint Bernard au pape » Eugène, quelque vase de prix qui embellisse le palais » du Roi des rois, c'est sans doute le vénérable abbé Su- » ger. » Il réforma les moines de son ordre sans mériter leur haine; il fit le bonheur des peuples sans mériter leur ingratitude, et servit les rois en méritant leur amitié. La fortune le favorisa pendant toute sa longue vie, et pou qu'on ne pût lui reprocher aucune faute, il finit sa car rière lorsqu'il allait conduire une armée en Orient. Enfin comme ce ne fut que quelques mois après sa mort qu s'accomplit le divorce d'Eléonore d'Aquitaine et d Louis VII, l'histoire lui a fait un mérite de s'être oppose à un acte si contraire à la politique, et il est encore regardé de nos jours comme un des hommes qui ont le plus fait pour améliorer le bien-être de la classe d'où il était sorti, en fondant les *communes*, qui devaient plus tard dicter la loi aux ordres privilégiés.

JULIEN (PIERRE), statuaire.

Membre de l'Institut (Académie de peinture et de sculpture) et de la Légion-d'Honneur, Julien naquit, en 1731, à Saint-Paulieu, près du Puy, maintenant département de la Haute-Loire, de parents cultivateurs assez aisés, qui l'envoyèrent chez un sculpteur et doreur du Puy, appelé Samuel. Il n'avait alors que quatorze ans. Un de ses oncles, Jésuite, frappé de ses dispositions, le confia aux soins de l'architecte Pérache, qui dirigeait alors l'Académie de Lyon, et Julien y remporta un prix. Pérache, convaincu que son élève ne pouvait se perfectionner dans son art à Lyon, le conduisit lui-même à Paris, où il le mit sous la direction de Guillaume Coustou, sculpteur du roi, son compatriote.

Après avoir étudié environ dix années sous son nouveau maître, Julien crut pouvoir se présenter au concours du grand prix de sculpture. C'était en 1765. Son ouvrage était un bas-relief représentant *Sabinus offrant son char aux vestales obligées de fuir les Gaulois vainqueurs de Rome.* Le prix lui fut décerné à l'unanimité, et les vrais connaisseurs virent avec plaisir que tout en suivant les leçons de son maître et de l'école, le sage élève s'était aperçu que, pour parvenir à la perfection des anciens, il fallait embrasser d'autres principes que ceux qui étaient alors en vigueur.

Envoyé à Rome, en 1768, comme pensionnaire, il y resta quatre ans occupé à l'étude de l'antique, et c'est à cette constante étude que l'on doit les deux belles copies réduites qu'il fit de l'*Apollon du Belvédère* et du *Gladiateur combattant.*

Pendant qu'il terminait ses études à Rome, son maître G. Coustou avait été chargé du mausolée du grand dauphin et de son épouse, destiné pour la cathédrale de Sens. Cet artiste, déjà affaibli par l'âge, jeta les yeux sur Julien, comme sur le sculpteur le plus capable de l'aider dans cette grande entreprise. Secondé par Beauvais, son condisciple et son ami, Julien termina entièrement la figure de l'Immortalité que Coustou n'avait fait qu'ébaucher. Cet ouvrage a peu servi à la réputation de Julien, parce qu'il est demeuré sous le nom de Coustou. Cette espèce d'injustice doit être attribuée aux usages de l'Académie : tant qu'un artiste n'était pas admis dans son sein, il n'était regardé que comme élève, et le maître pouvait lui abandonner l'entière exécution de ses ouvrages et continuer néanmoins d'en revendiquer l'honneur. Il n'en était pas de même lorsqu'il s'agissait d'un académicien. Aussi, afin de pouvoir profiter des talents de son disciple, Coustou lui persuada-t-il, à son retour de Rome. qu'il n'était pas assez formé pour se mettre sur les rangs de l'Académie.

Cependant Julien avait atteint sa quarante-cinquième année : il était temps de prendre place parmi les artistes. Encouragé par ses amis, et comptant peut-être trop sur l'appui de son maître, il parvint à vaincre sa modestie, et se décida à commencer les épreuves exigées par les règlements pour être agréé. Il présenta sous les auspices de Coustou, alors recteur de l'Académie, une figure de *Ganimède versant le nectar*. Cette figure n'est pas de la force de celles qu'il exécuta dans la suite, mais elle est infiniment supérieure à la plupart de celles des artistes qui l'avaient précédé à l'Académie ; et les connaisseurs furent fort surpris d'apprendre qu'elle avait été rejetée. Coustou fut soupçonné de jalousie à l'égard de son disciple. Quoi qu'il en soit, Julien fut tellement accablé de ce refus, que dans son désespoir il résolut d'abandonner son art, et sollicita du gouvernement l'emploi de sculpteur des proues de vaisseau à Rochefort. Il était sur le point de l'obtenir, lorsque, ranimé par les encouragements de ses amis, il se décida à se mettre encore une fois sur les rangs et présenta le modèle de son *Guerrier mourant*. Cette fois le succès fut complet; il fut agréé à l'unanimité, et l'année suivante il fut reçu académicien sur le marbre de cette figure, qui réunit au plus rare degré la science de l'art, la grâce naturelle et la perfection du ciseau. Ce premier succès fut comme le signal de tous ceux qu'il obtint dans la suite, et dès ce moment il prit un des premiers rangs parmi les sculpteurs français. M. d'Angevilliers avait conçu à cette époque l'heureuse idée de faire exécuter, aux frais du gouvernement, les statues de nos grands hommes: deux de ces statues, celles de La Fontaine et du Poussin, furent confiées au ciseau de Julien. La manière dont il s'acquitta de ce travail fait autant d'honneur au talent de l'artiste qu'au discernement du ministre qui s'en disait charmé. Bientôt après il produisit la charmante statue de la *Baigneuse*. Deux bas-reliefs, *Apollon chez Admète* et *la chèvre Amalthée*, accompagnaient cette statue. Le succès de ces ouvrages fut complet; la *Galatée* surtout fut regardée à cette époque comme la statue moderne de femme la plus parfaite que l'on connût; et M. d'Angevilliers, jaloux d'encourager un talent si rare, allait le charger de travaux qui eussent encore étendu la gloire de Julien, lorsque la révolution changea le gouvernement et la face du monde. Julien chercha dans le travail des distractions aux orages qui grondaient autour de lui. Retiré pour ainsi dire en lui-même, tous ses désirs étaient de pouvoir achever sa statue du Poussin. Ses vœux furent remplis; mais s'il eut le bonheur de la voir achevée, il ne jouit pas longtemps du succès: il mourut trois mois après l'avoir finie, le 17 décembre 1804, âgé de soixante-quatorze ans, emportant les regrets de tous ceux qui l'avaient connu, et avec la réputation de restaurateur de l'art statuaire en France, et d'un des plus habiles artistes dont elle puisse s'honorer.

JULIEN (SIMON), peintre, connu sous le nom de JULIEN de Parme.

Julien de *Parme* naquit vers le milieu du siècle dernier (1736), et mourut au commencement de la première année de ce siècle : ainsi il est presque notre contemporain. Les biographies et les mémoires publiés sur cet artiste célèbre ne s'accordent pas sur le lieu de sa naissance. Les uns lui donnent pour patrie Savigliano, sur le lac Majeur, près de Locarno, ville de la Suisse ; d'autres un village des environs de Toulon, et enfin quelques-uns le font naître dans un hameau tout près d'Aix en Provence. Quoi qu'il en soit, ses parents étaient si pauvres que, loin de pouvoir lui faire donner une bonne éducation, à peine pouvaient-ils subvenir à la subsistance de leur famille.

Dès l'âge de sept ans Julien quitta la maison paternelle et entra au service d'un maître d'école. Là il acquit de lui-même les premières notions de l'écriture, de la lecture et du dessin. Sa jeunesse fut employée à lutter contre les besoins les plus urgents. Daudré Bardou, peintre de

Marseille, se chargea de lui enseigner les principes de son art. Quelque temps après il vint à Paris et entra à l'école de Carle Vanloo. Ayant remporté le prix de l'Académie, il fut envoyé à Rome. L'ardeur avec laquelle il se livrait à l'étude et les progrès qu'il fit lui méritèrent des encouragements du gouvernement français : le terme auquel est fixé le séjour des élèves à Rome fut prolongé en sa faveur, et il y resta dix ans. Ce fut pendant ce temps que M. de Félino le présenta au duc de Parme, qui le prit sous sa protection et l'honora de ses bienfaits. L'artiste, plein de la plus juste reconnaissance, crut ne pouvoir mieux la témoigner à son protecteur qu'en prenant le nom de *Julien de Parme*, qu'il a conservé toute sa vie.

La vue des antiques, des chefs-d'œuvre de Raphaël, du Dominiquin, etc., le fit réfléchir profondément : il sentit l'énorme contraste qui existait entre la pureté de dessin de ces productions merveilleuses, et les principes faux dont on avait imbu sa jeunesse. Michel-Ange fixa son admiration, sans lui inspirer l'envie de le copier servilement.

Il était âgé de quarante ans environ lorsqu'il revint à Paris, où M. de Félino, son ami, son père, l'appelait. Il s'y trouva étranger à la peinture telle qu'on l'y cultivait alors, et au goût des amateurs. Dans les ventes de dessins, Julien de Parme vit des productions de Raphaël, du Dominiquin, de Michel-Ange, données à vil prix, et celles de Boucher payées des sommes considérables. Il acheta les premières, qui lui procurèrent des moyens d'existence dans un âge plus avancé.

Mancini-Nivernois s'attacha à notre artiste, il l'occupa à peindre des tableaux pour orner la galerie de sa maison rue de Tournon, et lui assura une pension viagère qui a été payée exactement jusqu'à la mort de cet estimable littérateur, arrivée peu de temps avant celle de Julien. Cet artiste composa plusieurs ouvrages, entre autres un tableau représentant Jupiter endormi entre les bras de Junon sur le mont Ida. Il fut plus tard acheté par le sculpteur Dejou, lequel rassembla beaucoup d'autres ouvrages de l'auteur, qui fut son ami particulier.

Julien vit pendant quelques années son modeste logement de la rue des Postes fréquenté par les grands ; mais s'étant présenté à l'Académie de peinture, il ne fut pas admis, et la foule ne se porta plus chez lui. Tout est mode dans les villes qui renferment un grand nombre d'oisifs.

Notre peintre avait assez abandonné les routes battues alors, pour déplaire à ceux qui composaient l'Académie ; mais son crayon n'atteignit pas la correction de dessin à laquelle est parvenue l'école française depuis sa restauration ; de sorte que l'on peut trouver beaucoup d'analogie entre sa manière et celle de Louis Jordan. Pendant que les académiciens royaux le repoussaient, la corporation des autres peintres, appelée *Académie de Saint-Luc*, faisait saisir ses meubles et son atelier parce qu'il ne s'était pas fait inscrire sur ses registres. Mancini parla de ce bizarre événement au ministre Turgot, qui répara tout en détruisant les maîtrises, reconnues pour être les entraves de l'industrie.

La mort de M. de Félino enleva à Julien l'ami de son cœur et les secours annuels qu'il en recevait. Il chercha à réparer cette perte en cédant au prince de Ligne, pour une pension viagère, un grand nombre de dessins des premiers maîtres d'Italie qu'il avait recueillis avec soin. L'absence de ces modèles et de ses puissants *exci ateurs* fit tomber le peintre dans une apathie pour son art dont il ne guérit jamais. Il abandonna la palette et s'adonna plus que jamais à la lecture, qui toujours avait fait ses délices. Homère et Plutarque étaient ses auteurs favoris, et il puisait presque toujours dans leurs écrits immortels le sujet de ses compositions.

La révolution sembla le tirer de cette espèce de léthargie de l'âme à laquelle il paraissait succomber, parce qu'il était ennemi du fanatisme et du despotisme. Mais la mort de Mancini, et les difficultés interminables de sa succession, l'ayant privé de la modique pension que le littérateur avait laissée à l'artiste, et la banqueroute du prince de Ligne lui ayant enlevé sa dernière ressource, le chagrin s'empara de lui. En vain le ministre français de Neufchâteau lui fit-il parvenir quelques secours pécuniaires, il se vit en proie à toutes les horreurs de l'indigence. Une apoplexie l'en délivra le 23 février 1800.

Le commencement et la fin de sa carrière furent pénibles et laborieux. Le milieu avait été brillant; cependant sa mémoire ne vit plus que dans le souvenir des artistes ou des amateurs.

LE SAGE (ALAIN-RENÉ).

Le Sage naquit en 1668 à Varzeau, dans la presqu'île de Rhuys, à quatre lieues de Vannes. Ayant perdu son père et sa mère dans sa première jeunesse, il resta sous la tutelle d'un oncle qui laissa dépérir la fortune peu considérable de son pupille. Placé au collége des Jésuites de Vannes, il y fit de bonnes études. Il fut ensuite employé pendant cinq ou six ans dans les fermes de Bretagne. On ignore par quel motif et à quelle époque il perdit une place qui convenait si peu à son caractère et à ses goûts. S'il eut à se plaindre d'une injustice, comme on le pense généralement, la haine qu'il en conçut contre les traitants jeta dans son cœur de profondes racines, et dicta l'éclatante vengeance qu'il en tira quinze ans plus tard.

Le Sage vint à Paris en 1692, dans la double intention d'y faire sa philosophie et son droit, et d'y postuler un emploi. Avec une figure agréable, une taille avantageuse, beaucoup d'esprit naturel et un goût exquis, il fut bientôt répandu et recherché dans les meilleures sociétés. Il eut, dit-on, une intrigue avec une femme de qualité qui lui offrit sa main et sa fortune ; mais cette aventure n'eut ni éclat ni suite, et l'on ignore jusqu'au nom de la personne qui en fut l'héroïne. Il est certain d'ailleurs que vers le même temps Le Sage devint amoureux d'une très-jolie femme, plus aimable que riche, nommée Marie-Elisabeth Hugard, fille, non d'un maître menuisier, comme on l'a prétendu, mais d'un bourgeois de Paris, et qu'il l'épousa le 28 septembre 1694.

L'amour et l'hymen ne purent détourner Le Sage de son penchant pour les lettres. Danchet, avec lequel il s'était intimement lié à l'université de Paris, lui conseilla de traduire les *Lettres galantes d'Aristoclès*, et se chargea de les faire imprimer à Chartres, où il était professeur de rhétorique. Cet ouvrage, fait d'après une version latine, parut en 1695, et fut aussi froidement accueilli des savants que des gens du monde.

Fixé désormais dans la capitale, Le Sage s'était fait recevoir avocat au parlement ; mais il n'en prenait déjà plus le titre à la naissance de son second fils, en 1698, et ne se qualifiait que de bourgeois de Paris. Quoiqu'il eût beaucoup d'amis, comme il n'était ni intrigant ni pressant dans ses sollicitations, il vécut quelque temps dans un état au-dessous de la médiocrité; puis il obtint un emploi peu lucratif, auquel il renonça bientôt pour se livrer entièrement aux muses. Le maréchal de Villars, qui connaissait son mérite, voulut inutilement se l'attacher : Le Sage résista aux propositions les plus flatteuses, et préféra toujours son indépendance. Privé des faveurs de la fortune, il en fut dédommagé par la sincère et constante amitié d'un homme puissant : l'abbé de Lyonne ne se borna pas à le combler de présents et à lui assurer une rente de 600 livres. Passionné pour la langue espagnole, il l'apprit à son ami, et lui fit goûter les beautés de la littérature castillane. Trois comédies en cinq actes : le *Traître puni*, de Don Francesco de Roxas ; *Don Félix de Mendace*, de Lopez de Vega ; et le *Point d'honneur*, du même Roxas, furent les premiers ouvrages que Le Sage traduisit ou plutôt imita de l'espagnol. Les deux premières pièces, non représentées, furent imprimées en 1700, et la troisième, jouée avec peu de succès au Théâtre-Français en 1702, réduite depuis en trois actes par l'auteur, et donnée en 1725 au théâtre Italien, sous le titre d'*Arbitre des différends*, avec un prologue, n'y obtint que deux représentations, et fut imprimée sous son premier titre. Le Sage publia ensuite les *Nouvelles aventures de Don Quichotte*, traduites d'Avellaveda, qui ne réussirent pas mieux que l'original espagnol du froid imitateur de Cervantes.

En 1707 Le Sage donna sa comédie de *Don César Ursin*, imitée de Caldéron. Cette pièce, applaudie à la cour, tomba au Théâtre-Français, tandis que celle de *Crispin rival de son maître*, qui n'avait paru aux courtisans qu'une misérable farce, était jouée à Paris le même jour avec un brillant succès. L'auteur, qui connaissait l'esprit et les mœurs des deux aréopages, ne s'étonna point de la contradiction de leurs arrêts; et la postérité a confirmé celui de la ville. Regnard, suivant Palissot, n'a rien produit de plus gai que la jolie pièce de *Crispin rival*, dont La Harpe semble avoir fait trop peu de cas. Elle ne roule véritablement que sur une fourberie de valets; mais la vérité du dialogue, qualité qui distingue éminemment Le Sage, le sel des plaisanteries toujours amenées par le sujet, l'heureux enchaînement et la rapidité des scènes provoquent le rire et entraînent le spectateur. Peu de temps après il donna le *Diable Boiteux*, imprimé en 1707, dont Le Sage a pris le nom et l'idée dans *El Diablo Copielo* de Louis Velez de Guevera. Il eut une vogue prodigieuse, et occasionna un duel entre deux jeunes seigneurs qui se disputaient le dernier exemplaire de la seconde édition. Le Sage en donna une troisième augmentée d'un volume, pour lequel il dit avoir emprunté des vers et quelques images à Francisco Santos.

Il avait présenté aux comédiens une pièce en un acte, intitulée les *Etrennes* : sur leur refus de la jouer, il la refit en cinq actes sous le titre de *Turcaret* : mais il eut moins de peine à la faire recevoir qu'à la faire représenter. Cependant c'est un de ses plus beaux titres à la gloire. Elle parut à une époque où les malheurs et les besoins de la France avaient multiplié les traitants et les maltotiers, dont les noms, abolis par l'usage et devenus presque injurieux, ont été remplacés par ceux de fournisseur et d'agioteur, qui ne sont guère plus honorables. Le Sage avait lu sa pièce dans plusieurs sociétés. Le bruit des applaudissements qu'elle y avait obtenus alarmèrent les financiers : ils cabalèrent parmi les actrices pour empêcher la représentation de la satire la plus amère à la fois et la plus gaie qui ait été dirigée contre eux. La duchesse de Bouillon, qui tenait chez elle un bureau d'esprit, promit sa protection à l'auteur, et lui fit demander une lecture de sa pièce. Au jour convenu, Le Sage, retenu au Palais par le jugement d'un procès important, qu'il eut le malheur de perdre, ne put être exact au rendez-vous. En entrant chez la princesse, il raconte sa disgrâce et se confond en excuses. On le reçoit avec hauteur; on lui reproche aigrement d'avoir fait perdre deux heures à la compagnie. « Madame, dit Le Sage, avec autant de sang-froid que de dignité, je vous ai fait perdre deux heures, il est juste que je vous les fasse regagner; je n'aurai point l'honneur de vous lire ma pièce. » On s'efforça de le retenir, on courut après lui ; mais il ne voulut ni rentrer ni remettre les pieds dans cet hôtel. Le Sage avait une âme fière et désintéressée. Les financiers lui offrirent cent mille francs pour qu'il retirât du théâtre une comédie qui devait mettre au grand jour les secrets et les turpitudes de leur métier ; mais, malgré sa pauvreté, il rejeta leurs offres, et sacrifia sa fortune au plaisir d'une vengeance légitime. Furieux de son refus, ils redoublèrent leurs intrigues, et il ne fallut rien moins qu'un ordre supérieur, consigné sur le registre de la Comédie-Française, pour forcer les comédiens d'apprendre et de jouer *Turcaret*. Cette pièce fut enfin représentée le 14 février 1709, et malgré les efforts de la cabale, malgré les murmures des gens qui avaient cru s'y reconnaître, malgré le froid excessif qui vint en interrompre les représentations en obligeant à fermer momentanément les spectacles, elle obtint les plus brillants succès.

En 1708, il fit recevoir *la Tontine*, petite comédie de circonstance assez gaie, qui, grâce à des intrigues de cour ou de coulisse, ne put être jouée qu'en 1732, et qui ne fut pas alors aussi applaudie qu'elle l'aurait été dans le temps.

Ce retard le dégoûta d'une carrière si épineuse. Dédaignant la faveur des grands, il n'était pas homme à mendier celle des comédiens. Les railleries qu'il s'était permises contre eux dans tous ses écrits autorisent à croire qu'il eut à s'en plaindre. Il disait à cette occasion : « Je cherche à satisfaire le public, qu'il permette aussi que je me satisfasse. »

Vers le même temps, Le Sage travailla plus pour l'amitié que pour la gloire. François Petit de La Croix, interprète des langues orientales, se méfiant de son talent pour écrire en français, pria son ami de corriger le style de sa traduction des *Mille et un Jours*, qui parut en 1710 et les années suivantes. Le Sage profita des richesses qui lui furent confiées, et transporta bientôt sur la scène plusieurs contes persans.

Gilblas de Santillane, qui parut en 1715, mit enfin le sceau à sa réputation. Il publia ensuite son *Théâtre de la Foire*, plusieurs opéras comiques, et *le Bachelier de Salamanque*. Plus tard il donna *la Valise trouvée*, et enfin son *Mélange amusant de saillies d'esprit et de traits historiques les plus frappants*. La plupart de ces anecdotes, alors nouvelles ou peu connues, n'ont rien de piquant aujourd'hui.

Le Sage travaillait beaucoup, et soignait tous ses ouvrages. Des mœurs pures, le goût de l'étude, de vrais amis, une femme qui, remplie d'attentions pour lui et de tendresse pour ses enfants, le secondait dans leur éducation ; enfin toutes les jouissances que procurent la littérature et la paix d'un bon ménage : telles furent les sources du bonheur dont jouit longtemps cet auteur; mais sa vieillesse ne fut pas exempte de chagrins. Il avait eu trois fils et une fille : quand il fallut songer à les établir, l'aîné, qu'il destinait au barreau, et qui avait même plaidé quelques causes avec succès, se fit comédien, et se rendit célèbre dans la suite, sous le nom de *Montménil*. Le troisième choisit la même profession; c'était celle pour laquelle Le Sage avait le plus d'aversion. Il fut dédommagé de ces contrariétés par la tendresse constante de sa fille, et par la conduite exemplaire du second de ses fils qui, ayant embrassé l'état ecclésiastique, obtint un canonicat à Boulogne-sur-Mer. Le Sage avait cessé de voir Montménil; mais lorsque cet acteur eut acquis de la réputation, il le reçut en grâce. Des amis communs ayant entraîné le vieillard au Théâtre-Français, il y vit son fils dans Turcaret, l'applaudit en pleurant de joie, l'embrassa, et lui rendit toute son affection. Ce qu'il y a de sûr, c'est que Montménil devint le plus intime ami de son père. Lorsque cet acteur était au théâtre, Le Sage allait passer la soirée dans un café de la rue Saint-Jacques, voisin de sa demeure. On y faisait cercle autour de lui, on montait sur les chaises, sur les tables pour l'écouter, et pour applaudir la justesse, la clarté, la variété de son élocution.

La mort de ce fils chéri, le soutien et l'espoir de sa vieillesse, fut pour lui un coup de foudre. Sur la fin de 1743, il se retira à Boulogne-sur-Mer, avec sa femme et sa fille, auprès de son fils le chanoine, dont les soins délicats adoucirent l'amertume d'une perte si cruelle. Il y passa ses dernières années dans un état d'affaissement assez triste. Le cours du soleil influait singulièrement sur les organes de ce vieillard : il s'animait par degrés à mesure que cet astre approchait du méridien, et il retrouvait alors quelque chose de la gaieté, de l'urbanité de ses beaux ans, et de la vivacité de son imagination ; mais, au déclin du jour, l'activité de son esprit et de ses sens diminuait graduellement, et il tombait bientôt après dans une sorte de léthargie qui durait jusqu'au lendemain. Il mourut octogénaire à Boulogne, le 17 novembre 1747.

Le comte de Tressan, qui commandait alors dans le Boulonnais, se fit un devoir d'assister avec tout son état-major aux obsèques de Le Sage ; et, par l'éclat de cette pompe funèbre, il rendit un hommage public à la mémoire d'un des meilleurs écrivains dont la France s'honore. Sa veuve survécut peu, et mourut au même âge que lui, le 7 avril 1752.

Le Sage avait eu dès sa jeunesse des symptômes de surdité; on voit dans le prologue de *Turcaret*, qu'à cette époque il entendait déjà très-difficilement. Il devint bientôt tellement sourd, qu'il faisait usage d'un cornet acoustique. Cette infirmité fut, dit-on, la principale cause qui l'empêcha d'être reçu à l'Académie française, quoiqu'il y eût plus de titres que la plupart de ceux qui en faisaient alors partie.

LHOMOND (Charles-François).

Naquit près de Chaulnes, dans le département de la Somme, en 1727. Son grand-père ayant reconnu des dispositions précoces dans le jeune Lhomond, fut assez heureux pour lui obtenir une bourse dans le collége d'Inville, où il fit ses études, et dont il devint ensuite le principal. Nommé professeur au collége du cardinal Lemoine, il s'attacha de préférence à instruire les jeunes enfants, et malgré les instances les plus téréees, il déclara toujours qu'il n'abandonnerait jamais ses *sixièmes*, et il remplit pendant plus de vingt ans cette honorable carrière.

Il adopta avec plaisir et modération les principes de notre révolution, dont il faillit bientôt devenir la victime. Il fut arrêté vers les premiers jours d'août 1792, et enfermé à Saint-Firmin. Tallien, qui avait eu l'avantage d'être son élève, s'intéressa vivement en sa faveur, et le fit mettre en liberté presque aussitôt. Plusieurs mois après il fut assailli, sur le boulevard de la Salpêtrière, par deux malfaiteurs qui le volèrent après l'avoir laissé pour mort. Néanmoins, il n'était pas dangereusement blessé. Cet homme estimable et laborieux, dont tous les goûts étaient simples, a toute sa vie cultivé la botanique, et il y était devenu fort savant. L'illustre Haüy fut son élève : c'est un titre de plus à la reconnaissance publique. On croit assez généralement que Lhomond, qui mourut le 31 décembre 1794, âgé de 67 ans, fut redevable de sa bonne santé à la promenade qu'il était dans l'usage de faire tous les jours jusqu'à Sceaux, exercice qu'il n'a jamais interrompu, quelque temps qu'il fît.

Lhomond a fait plusieurs ouvrages pour faciliter à ses nombreux élèves l'étude des langues anciennes ; il a composé une grammaire latine qui est encore dans les mains de tous les enfants.

Ses ouvrages ont été souvent réimprimés, mais on a fait à plusieurs des additions qui, pour la plupart, n'ont point eu l'approbation des gens de goût.

MENZIKOFF.

La naissance de Menzikoff est encore couvere d'un voile que les historiens ne sont pas parvenus à lever entièrement. On sait cependant qu'il naquit en 1674. Les uns disent qu'il était fils d'un valet-de-chambre, les autres d'un pâtissier. Quoi qu'il en soit, il plut à Pierre le Grand par sa physionomie ouverte, par la vivacité de ses reparties et par quelques bouffonneries. Ce prince lui fit donner des maîtres ; il se forma aux affaires et se rendit bientôt nécessaire à l'empereur. Comme Pierre, il fut cruel, surtout dans le massacre des Strélitz. « Rien ne peut » être comparé, dit un historien moderne, à ce qui se » passa alors dans la capitale de l'empire russe. Chez les » peuples civilisés ou chez les nations sauvages, dans les » annales de l'antiquité ou dans celles des temps moder- » nes, jamais on ne vit un souverain ordonner, préparer » et exécuter lui-même, ou par ses séides, les plus cruel- » les tortures, être présent à tous les supplices, et obliger » sa cour à y assister comme lui ; faire tomber lui-même cinq têtes le premier jour, en immoler un plus grand » nombre le lendemain, et continuer pendant plus d'un » mois avec cette progression de barbarie et de cruauté. » Menzikoff se fit remarquer dans ces exécutions, et il se glorifiait d'avoir abattu plus adroitement que les autres un plus grand nombre de têtes rebelles.

Menzikoff vit alors augmenter rapidement sa fortune ; et après s'être couvert de gloire au siége de Schlusse-bourg, il en fut établi gouverneur en 1702. L'année suivante il assista au siége de Nieuzehauts, petite ville sur les ruines de laquelle est élevé Saint-Pétersbourg. De nouveaux services et une fidélité éprouvée lui méritèrent de nouvelles faveurs. En 1704 il fut élevé au rang de général-major, décoré du titre de prince et gouverneur de l'Ingrie. Il commandait en 1706 à Posen, et il défit les Suédois en bataille rangée près de Kalisch. Toute l'artillerie et les munitions devinrent la proie des Russes victorieux. Menzikoff contribua au succès que le tzar obtint l'année suivante sur le Boristhène, et fut détaché ensuite avec un corps de cavalerie dans l'Ukraine, où il eut encore différents avantages. Il commanda l'aile gauche à Pultawa, et il eut trois chevaux tués sous lui dans la mêlée. Après la victoire, s'étant mis à la poursuite des fuyards, il força un général suédois à capituler avec son corps d'armée.

Menzikoff, qui avait toujours vécu avec une grande simplicité, ne tarda pas à étaler un faste inconnu en Russie. Il se fit construire un superbe palais, augmenta le nombre de ses domestiques, et donna des fêtes somptueuses. On prétend qu'il était devenu si riche qu'il pouvait aller de Courlande en Perse sans cesser de coucher sur ses terres. On conçoit que pour acquérir une si grande fortune, il avait dû commettre un grand nombre d'exactions; mais le tzar les lui pardonnait à cause de ses services, ou bien il se contentait de lui appliquer quelques coups de canne, ou quelques amendes dont il lui faisait ensuite la remise en lui demandant pardon de sa colère.

Après la mort de Pierre le Grand, Menzikoff se hâta de faire reconnaître impératrice Catherine, et, sous le nom de cette princesse, il eut tout le pouvoir.

L'heureux favori était trop enivré de sa puissance pour ne pas en abuser; mais ses ennemis étaient forcés de dévorer en secret leur colère et d'attendre du temps la vengeance.

Catherine, en mourant, désigna pour lui succéder le fils d'Alexis, qui prit le nom de Pierre II, et par un article de son testament, elle lui ordonna d'épouser la fille de Menzikoff. Ce prince, trop jeune pour gouverner lui-même, était confié à un conseil de régence qui ne s'assembla que pour ratifier la volonté dernière de Catherine. Le tzar fut remis entre les mains de Menzikoff, qui le logea dans son propre palais et lui fiança sa fille; mais ce fut là le terme de sa prospérité. L'empereur ne se sentait que de la répugnance pour la fille du favori, et il commençait à s'impatienter de son insolente tutelle. Dolgorouski sut prendre sur un souverain de son âge un ascendant auquel Menzikoff ne put résister. Au retour de sa maison de plaisance, où il était allé faire bénir une chapelle, il fut mis aux arrêts, puis exilé à Rimbourg. Persuadé que s'il est privé de ses emplois, il conservera du moins ses richesses et ses honneurs, il part avec sa famille, insultant encore ses ennemis par un faste digne d'un souverain; mais à peine est-il arrivé à quelques lieues de Saint-Pétersbourg, que des émissaires de l'empereur lui demandent le cordon de ses ordres; on le fait descendre de sa voiture et monter sur une misérable charrette, en lui annonçant que tous ses biens sont confisqués; quelques jours après il est condamné à passer sa vie dans les neiges de la Sibérie. Toute sa famille le suivit sur cette terre de douleurs. Sa femme devint aveugle à force de verser des larmes, et mourut avant d'arriver. Sa fille aînée, attaquée de la petite vérole, expira dans ses bras au bout de six mois. Elle fut inhumée dans un oratoire qu'il avait fait construire; il marqua la place où il voulait être enterré auprès d'elle, et il ne tarda pas à l'occuper. La grande âme de Menzikoff, dit Lévesque, se montra dans sa disgrâce : étranger au monde entier après en avoir gouverné une partie, il se suffit à lui-même parce qu'il devint sage. On lui avait laissé 10 roubles ou 50 francs par jour pour sa subsistance. Des épargnes qu'il faisait sur cette somme, il bâtit une église à laquelle il travailla lui-même comme charpentier.

Il fut frappé d'apoplexie le 2 novembre 1729, après avoir donné au monde une nouvelle preuve de cette vérité, qu'il est plus aisé de supporter les disgrâces de la fortune que ses faveurs. « Il mourut, dit Duclos, de la maladie des ministres disgraciés, laissant à ses pareils une leçon inutile, parce qu'ils ne la suivent que quand ils ne peuvent plus en faire usage. » Les cruelles épreuves auxquelles il était soumis lui avaient inspiré de la piété, et cet heureux changement lui fut d'un grand secours pour les supporter.

Les deux enfants qui lui restaient eurent un peu plus de liberté après sa mort, et on leur permit quelquefois d'aller à l'église le dimanche pour assister à l'office. Un jour que sa fille en revenait, elle s'entendit appeler par Dolgorouski, qui avait causé le malheur de sa famille, et qui était lui-même exilé par suite d'une intrigue de cour. Cette révolution fit bientôt revenir à Moscou les enfants de Menzikoff. Son fils y fut capitaine des gardes, et sa fille dame d'honneur de l'impératrice Anne. Elle fut mariée avantageusement, ayant pour dot les sommes que son père avait placées sur les banques de Venise et d'Amsterdam.

Les ennemis de Menzikoff n'avaient pu retirer ces sommes; les directeurs de ces banques répondirent qu'ils ne les donneraient pas tant que le propriétaire serait dans les fers.

MOREAU DE LA ROCHETTE (FRANÇOIS-THOMAS).

Moreau est un exemple de ce que peut le génie accompagné d'une volonté forte et persévérante. Il était né en 20, à Rigni-le-Feron, département de l'Aube. Devenu directeur des fermes du roi à Melun, il acheta un domaine d'un revenu presque nul, quoique assez étendu, à cause de sa stérilité, qui lui avait fait donner le nom de la *Rochette*. Il s'y trouvait une espèce de cabane, qui fut transformée en un petit corps de ferme. Dès que ses occupations ne le retenaient plus à Melun, Moreau courait à la Rochette, il y passait la nuit, méditant ses plans d'amélioration, et donnant ses ordres pour les travaux du lendemain. La plupart des terres n'étaient que des friches arides; il commença par faire valoir ce qui était en culture. Des labours mieux dirigés, des engrais distribués à propos lui donnèrent de meilleures récoltes. Insensiblement la culture s'augmenta, et des essais de pépinières réussirent dans les terrains qui le comportaient. Quelques années plus tard on commença les défrichements; et les vues de Moreau s'étendaient à mesure qu'il obtenait des succès; il conçut le projet d'une école d'agriculture sur sa propriété. Son plan consistait à y établir une grande pépinière d'arbres de toutes espèces, indigènes et étrangers, et à tirer des hôpitaux un certain nombre d'enfants trouvés pour y être employés et formés aux travaux agricoles. Il représentait que ces enfants, élevés à la campagne et en bon air, s'en porteraient mieux, s'y fortifieraient par l'exercice, et deviendraient par la suite des ouvriers utiles.

Ce plan fut goûté par le gouvernement, qui en ordonna l'exécution. Cinquante, et puis cent enfants furent mis à la disposition de Moreau. Au moyen de tant de bras, les travaux prirent de l'activité, et les défrichements se firent en grand. Le terrain fut nettoyé, nivelé, défoncé; une partie fut mise en culture, une autre fut semée et plantée en bois. De vastes bosquets, des jardins, de riches pépinières remplacèrent les friches; de belles avenues tracées avec intelligence s'alignaient à l'instar de celles de Fontainebleau; et, ce qui n'était auparavant qu'une lande infructueuse, devint, par la puissance du travail et de l'industrie, une campagne riante parée de tout le luxe et de toutes les richesses de la culture. On vit ensuite s'élever au centre une belle maison avec tous les bâtiments nécessaires à une grande exploitation. De chaque côté s'étendait une longue terrasse qui dominait la Seine. Et cette métamorphose fut opérée en quelques années.

Dans l'espace de treize ans il sortit des pépinières de la Rochette un million d'arbres de tige et trente un millions de plants forestiers. Pendant le même temps il fut formé quatre cents élèves tirés des hôpitaux, et il n'en mourut qu'un seul; presque tous sont devenus de bons jardiniers, d'excellents pépiniéristes, quelques-uns dessinateurs et planteurs de jardins d'agrément.

Ces succès méritaient bien quelques récompenses: Moreau fut nommé inspecteur général des pépinières royales, commissaire du roi chargé d'emménager le bois servant à l'approvisionnement de Paris, et de rendre flottables les ruisseaux affluents aux communications avec la Seine. En 1769, le roi lui avait accordé des lettres de noblesse, et l'avait décoré de l'ordre de Saint-Michel. Son mérite, sa réputation, et les avantages qu'on tirait de ses pépinières, l'avaient mis en relation avec tous les grands propriétaires de France et les personnes les plus distinguées. Voltaire avait lié avec lui, sous le rapport agricole, une correspondance dont il reste des monuments curieux. Il lui demandait des arbres pour ses plantations de Ferney, et des conseils sur la manière de les gouverner.

On doit encore à Moreau l'établissement d'une manufacture de sulfate de fer à Urcel, près Laon. Il avait dressé des plans pour le défrichement des landes de Bordeaux, qu'il croyait susceptibles d'être cultivées avec fruit.

Cet homme illustre, plus utile à son pays que tant de guerriers dont le nom est devenu immortel par le sang qu'ils ont versé, et tant de savants dont les théories spéculatives sont restées sans résultat, mourut à sa terre le 20 juillet 1791.

CHEVERT (François de).

Orphelin dès l'enfance, Chevert entra au service comme simple soldat, en 1706, à peine âgé de onze ans, et à sa mort, en 1769, il était commandeur-grand-croix de l'ordre de Saint-Louis, chevalier de l'Aigle-Blanc de Pologne, gouverneur de Givet et de Charlemont, et lieutenant général des armées du roi. La simple mention d'une telle fortune militaire suffirait à l'éloge d'un homme qui eût combattu pendant la révolution française ou sous le gouvernement de Napoléon Bonaparte, époques où le mérite pouvait prétendre à l'avancement le plus rapide : que ne témoigne-t-elle donc point en faveur de Chevert, qui vivait sous un temps où il était si difficile, à moins d'être gentilhomme, de franchir le grade de sergent !

Lors de la retraite de Prague, Chevert fut laissé dans cette ville à la tête de dix-huit cents hommes. Assiégé par une nombreuse armée, et bientôt en proie à la famine, il lui eût été impossible de tenir longtemps, mais il ne voulait sortir de la place qu'avec tous les honneurs de la guerre, et les habitants exigeaient qu'il se rendît immédiatement. Dans cette position critique, Chevert prend tout à coup un parti décisif : par son ordre plusieurs des notables sont arrêtés à l'improviste et emprisonnés dans la maison même qu'il occupe, et dont la cave vient d'être remplie de barils de poudre ; ensuite il déclare aux bourgeois que s'ils persistent à lui faire violence, il se fera sauter avec ses otages. Les conditions qu'il réclamait lui furent accordées, et le général ennemi, le prince Lobkowitz, en témoignage de son admiration, lui fit présent de deux pièces d'artillerie.

Plein d'une circonspecte prudence dans ses dispositions militaires, il était parfois, dans l'exécution, saisi d'une sorte d'enthousiasme de courage qui se communiquait rapidement aux siens. Chargé, à la journée d'Hastembeck, de débusquer l'ennemi d'une montagne boisée, au moment de l'attaque il s'écria brusquement en serrant la main d'un colonel qui le suivait avec son régiment, et en lui lançant un regard électrique : « Jurez-moi, foi de chevalier, que vous et votre monde, vous vous ferez tuer jusqu'au dernier plutôt que de reculer! »

Ses talents et ses succès avaient fini par inspirer aux soldats une telle confiance en lui, que sous son commandement tout leur semblait possible; il régnait parmi eux une foi superstitieuse à son infaillibilité. Un jour, il fait venir un grenadier d'une bravoure éprouvée, et le dialogue suivant s'engage entre eux. « Tu vois ce fort. — Oui, mon général. — Tu vas y aller tout droit. — Oui, mon général. — On te criera *qui vive?* tu ne répondras point. — Non, mon général. — On criera une seconde fois : tu avanceras toujours sans répondre. — Oui, mon général. — Alors on tirera sur toi, on te manquera. — Oui, mon général. — Tu fondras sur la garde, je serai là pour te soutenir, et le fort est à nous. — Oui, mon général. » Le grenadier fit demi-tour, partit du pied gauche, et les choses se passèrent absolument comme le général l'avait annoncé.

Chevert mourut à soixante-quatorze ans, honoré, vénéré, admiré.

JOVIN.

Jovin, consul de Rome en 367, naquit près de la ville de Reims dans le IVe siècle. Sorti des dernières classes de la société, s'il faut en croire un historien moderne, il s'éleva par ses talents aux premières places de l'empire. Quoiqu'il eût embrassé la religion du Christ sous l'empereur Julien, cette démarche ne le discrédita pas dans l'esprit du prince, qui l'estimait, qui l'honorait de sa confiance, et qui se l'attacha comme un homme également propre à la guerre et aux négociations. Il aida cet empereur philosophe à monter sur le trône après la mort de Constance, et le suivit dans son expédition contre les Perses.

Julien y périt, et sa mort changea la fortune de Jovin : il devint suspect au nouvel empereur Jovien, qui lui ôta sa charge de général de la cavalerie dans les Gaules, parce qu'il espérait qu'un homme placé par lui s'appliquerait davantage à soutenir le trône encore mal affermi de son protecteur.

La politique de cet empereur lui réussit mal : celui qu'il avait enrichi des dépouilles de Jovin fut tué avec tous les siens, avant d'avoir pris possession de sa charge.

C'en était fait, et dès ce moment les Gaules secouaient pour toujours le joug de la domination romaine, si ce grand homme, dédaignant la vengeance, n'eût ramené à son devoir l'armée mécontente et révoltée. Des soldats envoyés par Jovin portèrent en diligence les nouvelles à l'empereur, qui, instruit du soulèvement, en attendait de plus funestes. En récompense, il rendit à Jovin sa première autorité ; elle fut encore augmentée sous les empereurs Valens et Valentinien.

Ces deux princes, en se partageant l'empire, se partagèrent aussi les officiers les plus distingués par leur charge et leur mérite. Valentinien retint Jovin à son service, et le laissa dans les Gaules. Pendant qu'il était à Paris, un grand nombre d'Allemands passèrent le Rhin contre la foi des traités, et se répandirent dans la campagne, qu'ils pillaient et ravageaient en barbares.

Jovin ne l'eut pas plutôt appris, qu'il partit pour les combattre : il défit la première troupe dans cette province qu'on appelle aujourd'hui la Lorraine. Ceux de la seconde, peu éloignés et dans une sécurité parfaite, se livraient sans précautions à tous les excès dont est capable le soldat barbare et indiscipliné. Jovin, qui les observait, saisit le moment d'une débauche générale, brusque l'attaque, les taille en pièces, reprend leur butin, et, sans laisser reposer son armée, la mène près de Châlons, où il trouve le reste des ennemis sur la défensive.

Ce dernier combat fut opiniâtre : les Allemands résistèrent longtemps et vendirent cher la victoire ; mais ils furent enfin dissipés et perdirent leur roi, qu'un tribun fit pendre à un arbre comme un brigand; action cruelle dont Jovin marqua une extrême indignation.

Il est consolant pour l'humanité de trouver dans ce siècle d'anarchie, où le droit des gens était le droit du plus fort, un homme comme Jovin, qui ne croyait pas qu'un ennemi désarmé fût digne du dernier supplice, parce que le sort des armes lui avait été infidèle. Tels furent les derniers exploits de Jovin, général habile, sujet fidèle, excellent citoyen, inébranlable dans son devoir, et incapable de se dégrader par les bassesses de la jalousie, dont il avait été la victime. Il ne déshonora par aucune lâcheté les faisceaux dont il fut honoré. Jovin montra en sa personne, aux Romains, un consul pris parmi ces nations qu'ils appelaient barbares, mais digne des siècles les plus vertueux de la république. Il avait fait bâtir une église à Reims sous l'invocation des saints Vital et Agricole : il la choisit pour être sa sépulture. Son tombeau, qu'on y voit encore, passe pour un des plus beaux ouvrages de sculpture de ce temps qui soit en Europe. L'historien Mézerai rapporte que Jovin eut une fille qui épousa Crescence le père, lequel tenait les écoles de Narbonne. Les recherches que nous avons faites pour éclaircir le fait ne nous ont rien appris de concluant sur ce point.

TABLE DES MATIÈRES.

TOME PREMIER.

www.ingramcontent.com/pod-product-compliance
Lightning Source LLC
LaVergne TN
LVHW012014220826
846092LV00001B/351